PHILOSOPHISCHE MONOGRAPHIEN

Giordano Bruno

Leben, Werk und Selbstzeugnisse

Jochen Kirchhoff

edition *dionysos*

Bibliografische Information der Deutschen Nationalbibliothek:
Die Deutsche Nationalbibliothek verzeichnet diese Publikation in der
Deutschen Nationalbibliografie; detaillierte bibliografische Daten sind im
Internet über http://dnb.dnb.de abrufbar.

Autor: Jochen Kirchhoff
Layout & Satz: Wolfram Bahmann, Uli Fischer
Verlag: BoD · Books on Demand GmbH
                  In de Tarpen 42, 22848 Norderstedt
Druck: Libri Plureos GmbH
                  Friedensallee 273, 22763 Hamburg
ISBN: 978-3-7597-2904-0

PHILOSOPHISCHE MONOGRAPHIEN

Giordano Bruno

Inhalt

Die Fragestellung:

Bruno und Galilei
oder
das Dilemma
der neuzeitlichen Physik

Wenn der bohrende Verdacht einsetzt, ein bestimmter geschichtlicher Ablauf könne sich letztlich als eine Fehlentwicklung lebensbedrohlichen Ausmaßes erweisen, dann tritt neben die Frage nach Ursprung und Anfang einer derartigen Entwicklung diejenige nach den Alternativen im Sinne eines schöpferischen Gegenentwurfs. Die Frage nach der schöpferischen Alternative kann zur Existenzfrage werden.

Dass die neuzeitliche Physik und ihre Folgewissenschaften zunehmend häufiger unter dem Aspekt einer bedrohlichen Fehlentwicklung betrachtet werden, hängt mit dem Erkenntnis- und Machtanspruch der mathematischen Naturwissenschaft zusammen. Wer die Physik und das von ihr propagierte und vielfältig nachgeahmte Wissenschaftsmodell als objektiv lebensfeindlich und verbrecherisch begreift, für den ist Hiroshima kein «Betriebsunfall» oder das Symptom tragischer politischer Verstrickung der Physiker, sondern der konsequenteste Ausdruck eines wesensmäßig destruktiven Denkens. Von Goethes scharfer Polemik gegen die Newtonsche Optik in seiner Farbenlehre führt der Weg zur modernen Wissenschaftsmüdigkeit, zur Kritik und zum Unbehagen an der als inhuman empfundenen Verbindung von abstrakter Naturwissenschaft und seelenloser Technokratie.

Dass Galileo Galilei (1564-1642) als Schlüsselfigur am Anfang der neuzeitlichen Naturwissenschaft als der Begründer ihrer Methodik steht, wird allgemein anerkannt. Von dieser Galileischen Methodik der physikalischen Forschung führt der Weg zur modernen Physik einschließlich der Kernspaltung; dies wird von keinem der maßgebenden Physiker ernsthaft bestritten. So nimmt es nicht wunder, dass im Zusammenhang mit der Diskussion um die Verantwortung des Naturwissenschaftlers für die Folgen seines Wirkens immer wieder der Begründer der neuzeitlichen Physik als gleichsam exemplarische Figur herausgestellt wurde. Das Galilei-Drama Bertolt Brechts ist ein bekanntes Beispiel dafür. – Die Frage nach der Verantwortung des Naturwissenschaftlers ist zumeist so gestellt worden, als ginge es primär um den Bereich der Gesellschaft oder des Politischen. Erheblich seltener wurde die Frage aufgeworfen nach dem Wesen der Physik selbst, nach der Verantwortung des Naturwissenschaftlers gegenüber der Natur und dem Leben.

Das Problem der gesellschaftlichen Verantwortung des Physikers (deren Fehlen mit Recht kritisiert wurde) ist fast ausschließlich angegangen worden, ohne den Wahrheits- oder Erkenntniswert der naturwissenschaftlichen Forschungsergebnisse an sich in Frage zu stellen. Der neuzeitliche Wissenschaftsbegriff, geschaffen von der mechanistischen Physik des 17. Jahrhunderts, war und ist mit einem weitreichenden Wahrheitsanspruch verknüpft, der zudem jedermann durch die augenfälligen Erfolge der Technik demonstriert werden konnte. Und jedwede Technik basiert auf der Anwendung mathematisch formulierter «Naturgesetze», deren objektive «Richtigkeit» eben dadurch in Erscheinung tritt.

Auf diese Weise bleibt dem Laien der hypothetische und spekulative Grundcharakter naturwissenschaftlicher Aussagen, soweit die unmittelbare Erfahrung überschritten wird, zumeist verborgen. Er misst vielmehr den Wahrheitswert naturwissenschaftlicher Erkenntnisse generell an deren technischer Anwendbarkeit und an der Präzision möglicher Voraussagen.

Carl Friedrich von Weizsäcker nennt die mathematische Naturwissenschaft den «harten Kern der Kultur des neuzeitlichen Europa», «das widerstandsfähigste Produkt dieser Kultur, ihr ständig wachsendes Stahlskelett»[1]. «Der Widerstand in der eigenen Kultur, getragen von Gläubigen, von Künstlern, von Konservativen und neuerdings von ethisch motivierten Radikalen, erweist sich diesem Wachstum gegenüber als machtlos.»[2] Diese immer wieder zutage tretende Ohnmacht des Widerstands gegen den «Machtwillen» der mathematischen Naturwissenschaft liegt unter anderem darin begründet, dass nur wenige den Versuch unternommen haben, das Prinzip der neuzeitlichen Physik in seinen Ausgangspostulaten, seinen grundlegenden Voraussetzungen zu kritisieren und hieraus eine echte Alternative vorzulegen. Auch konnten Kritiker und Gegner nicht erklären, warum es mathematische Naturwissenschaft überhaupt gibt, genauer: wie es möglich ist, dass die Natur tatsächlich mathematisch beschreibbar erscheint, so dass – in Grenzen – präzise Voraussagen von Naturvorgängen immer wieder gelingen.

In Zusammenhang mit der Auseinandersetzung um den modernen Wissenschaftsbegriff und seine potentiell zerstörerischen Auswirkungen wird der Name jenes Mannes fast nie genannt, dem die vorliegende Monographie gewidmet ist. Naturwissenschaftlern und Philosophen kann ein durchaus «gestörtes Verhältnis» zu Giordano Bruno attestiert werden.

Zumindest gilt dies für jene, die sich als meinungsbildend hervorgetan haben. Und fast niemandem scheint bewusst, dass die Auseinandersetzung mit dem Naturphilosophen Giordano Bruno, dem großen Zeitgenossen Galileis, geeignet ist, uns heute am Ende einer langen Entwicklung wichtige Impulse und Denkanstöße in Richtung auf jene existentiell bedeutsame schöpferische Alternative zu geben: Denkanstöße, die an die Fundamente der neuzeitlithen Naturwissenschaft rühren und zu deren Begreifen eine Grundhaltung erforderlich ist, die von dem Mühen gespeist wird, den «harten Kern der Kultur des neuzeitlichen Europa» dort zu zerbrechen, wo er lebendige Zusammenhänge und Urphänomene zerschneidet.

Um Giordano Bruno zu verstehen, erscheint es sinnvoll, seinen naturphilosophischen Ansatz demjenigen Galileis gegenüberzustellen. Beide, Bruno und Galilei, entwickeln die eigene Naturphilosophie gegen die zu ihrer Zeit herrschende aristotelisch-scholastische Lehrmeinung. Und in fast allen einschlägigen Darstellungen wird Galilei herausgehoben als der eigentliche Überwinder der mittelalterlichen Gebundenheit in der Naturbetrachtung. Er sei als erster bemüht gewesen, «selbständig von der Sichtbarkeit der Welt her zu forschen und zu denken»[3], eine Haltung, welche die Loslösung von der mittelalterlichen Gott- und Jenseitsbezogenheit offenbare. Bruno dagegen wird als eine Gestalt der «Epochenschwelle» gesehen; zwar habe er einige Forschungsergebnisse der neuzeitlichen Naturwissenschaft vorweggenommen, insofern also das Mittelalter partiell überwunden, sei aber zu den eigentlichen «Grundformeln der Neuzeit» noch nicht vorgestoßen.[4] Er stehe gleichsam zwischen Mittelalter und Neuzeit. Im ausgehenden 19. und beginnenden 20. Jahrhundert wurde Bruno fast ausschließlich als Vorläufer der positivistisch verstandenen Naturwissenschaft interpretiert. Besonders die «Monisten» in der Haeckel-Nachfolge beanspruchten den Nolaner (geb. in Nola bei Neapel) für sich. Der als Ketzer Verbrannte wurde zum Märtyrer der Geistesfreiheit und der Naturwissenschaft. Damit allerdings war der fundamentale Unterschied zu Galilei verwischt worden. Die heutigen Naturwissenschaftler nehmen Bruno kaum zur Kenntnis. Werner Heisenberg etwa weiß wenig mehr zu sagen, als dass Brunos Geisteshaltung «religiös» sei.[5]

Weizsäcker erwähnt ihn in seinem Buch «Die Einheit der Natur» (1971) mit keinem einzigen Satz. Um dies einzuordnen, muss man sich bewusst sein, dass Brunos gesamtes philosophisches Wirken letztlich um eben diesen Gedanken der «Einheit der Natur» kreist. Die Haltung der Naturwissenschaftler gegenüber Giordano Bruno ist eine merkwürdige Mischung aus Geringschätzung, geflissentlichem Ignorieren und dem Bestreben, ihn zum phantasievollen oder dichterischen Verkünder einer spekulativen Weltsicht zu machen, dem nichts ferner gelegen habe als das Prinzip der empirischen Naturwissenschaft.

Die Haltung der meisten akademischen Philosophen unterscheidet sich hiervon nur graduell. Es musste die Physiker der Neuzeit mit ihrem auf das Beobacht- und Messbare ausgerichteten Wirken irritieren, dass Bruno eine Fülle von naturwissenschaftlichen Erkenntnissen als erster formulierte, ohne jemals ein Experiment durchgeführt oder ein Fernrohr benutzt zu haben (weil es dieses Instrument noch nicht gab). Dafür einige Beispiele: Bruno war der erste, der die noch von Kopernikus angenommene kristallene Fixsternsphäre als äußerste Begrenzung des Alls «zerschlug» und die Fixsterne als Sonnen erkannte.[6] Er entdeckte als erster in aller Klarheit die polare Abplattung der Erde.[7] Er wies darauf hin, dass es hinter dem Saturn noch weitere Planeten geben müsse, zweihundert Jahre vor der Entdeckung des Uranus (1781). Die Planeten Neptun und Pluto wurden erst 1846 bzw. 1930 entdeckt. – Bruno wies, zwanzig Jahre vor Galilei, auf die Achsendrehung der Sonne (1591).

Auch hat der Nolaner im Ansatz, obwohl in «nur» qualitativer Form, die drei Keplerschen Gesetze vorweggenommen: Er wich als erster von der Vorstellung ab, die noch Galilei zeit seines Lebens beibehalten hatte, dass die Planeten einer gleichförmigen Kreisbewegung um die Sonne unterworfen sind. Bruno erkannte die elliptische Form der Planetenbahnen (Bezug zum l. Keplerschen Gesetz), die Abhängigkeit der Bahngeschwindigkeit von der Sonnenentfernung (nach Bruno bewegen sich die Planeten um so langsamer, je weiter sie von der Sonne entfernt sind; Bezug zum 3. Keplerschen Gesetz) und die radiale Struktur der Schwerefelder der Gestirne als Beeinflussungsfaktor für die Planetenbewegung (Bezug zum 2. Keplerschen Gesetz, wonach sich der einzelne Planet jeweils im sonnennächsten Punkt seiner Umlaufbahn am schnellsten und im sonnenfernsten Punkt am langsamsten bewegt). Brunos nachdrücklicher Hinweis darauf, dass sich die äußeren Planeten (Jupiter und Saturn) schneller um die eigene Achse drehen als etwa Mars oder Erde, wurde erst lange Jahre danach durch Beobachtungen bestätigt. Die Zahl derartiger Vorgriffe auf spätere astronomische oder astrophysikalische Forschungsergebnisse ließe sich erheblich vermehren. – Galilei erwähnt den Nolaner an keiner Stelle in seinen Werken, und doch lässt sich unschwer nachweisen, dass er Brunos Dialog *Das Aschermittwochsmahl* (1584) in mehrfacher Hinsicht ausgewertet hat, unter anderem für seine Überlegungen zur Relativität der Bewegung.[8] Kepler soll, wie aus einem Brief von Martin Hasdale hervorgeht (15. April 1610), sich darüber beklagt haben, dass Galilei bei der Herausstellung der eigenen Entdeckungen weder ihn noch Giordano Bruno erwähnt habe, obwohl er beiden wesentliches verdanke.[9]

Was unterscheidet nun die Betrachtungsweise Galileis von derjenigen des Nolaners? In einschlägigen Darstellungen wird meist darauf hingewiesen, Galilei habe die Physik als Erfahrungswissenschaft der auf spekulativen Denkelementen beruhenden aristotelischen Weltsicht entgegengesetzt – eine Behauptung, die nur mit allergrößten Einschränkungen zu akzeptieren ist.

Dies gilt auch für die bereits angedeutete These, Galilei habe das mittelalterliche Denken durch eine vom Primat der Sichtbarkeit bestimmte Methodik überwunden. Letzteres ist schon insofern nicht richtig, als dabei die eminente Bedeutung der Sichtbarkeit, der sinnlichen Gewissheit überhaupt, für das aristotelische und mittelalterliche Denken unberücksichtigt bleibt. Gerade der Umstand, dass die von Kopernikus vertretene heliozentrische Lehre dem Augenschein und der unmittelbaren sinnlichen Erfahrung diametral entgegengesetzt ist, erschwerte ihre Anerkennung.

Unmittelbar sinnlich wahrgenommen wird die Bewegung der Sonne und der anderen Gestirne, nicht aber diejenige der Erde. Und es bleibt letztlich eine bemerkenswerte Inkonsequenz Galileis, gerade durch die sinnliche Gewissheit, eben durch das Fernrohr, seine Zeitgenossen davon überzeugen zu wollen, dass Kopernikus recht hatte und nicht Aristoteles. Dies erscheint um so befremdlicher, als Galilei selbst seine eigene Untersuchungsmethode von der des Aristoteles klar abgrenzt.

Aristoteles kann, was seine naturphilosophischen Grundüberzeugungen betrifft, als der «klassische» Philosoph des «naiven Realismus» angesehen werden: Er identifiziert die sinnliche Erfahrungswelt mit der Wirklichkeit und konstruiert auf dieser Grundlage in induktiver Weise, also stets vom unmittelbar wahrgenommenen einzelnen ausgehend, in Richtung auf zunehmende Allgemeinheit das «Ganze». Mit Recht schreibt daher Weizsäcker: «Aristoteles war eher empirischer als Galilei, aber Galileis aristotelische Zeitgenossen waren es nicht.»[10]
Gerade durch ihren von der naiven Sinnlichkeit her bestimmten

Aufbau konnte die aristotelische Kosmologie ihren eminenten Siegeszug antreten, und gerade ihre – scheinbare – Übereinstimmung mit der «Erfahrung» hat ihr eine stärkere Durchschlagskraft verschafft als der bereits zu antiker Zeit bekannten heliozentrischen Lehre. So lehnt beispielsweise der Astronom Ptolemäus, der das geozentrische System des Aristoteles modifiziert und mathematisch verfeinert hatte, das heliozentrische System deswegen ab, weil es im Widerspruch stehe zur unmittelbaren Wahrnehmung. Obwohl er eingestehen muss, dass es geeignet sei, die Sternbeobachtungen genauer darzustellen.[11] Aristarchos von Samos hatte bereits, im 3. vorchristlichen Jahrhundert, das heliozentrische Weltbild klar formuliert, und mit Sicherheit hat ihm Kopernikus wesentliche Anregungen zu verdanken.[12] Auch hatte Aristarchos bereits erste Hilfweise gegeben auf die Unendlichkeit des Alls; das System des Kopernikus bedeutet insofern, da es die Endlichkeit der kugelförmig gedachten Welt und die Kristallsphären der Geozentriker beibehielt, eine mittelalterliche Modifizierung der antiken heliozentrischen Lehre.

Galilei weist explizit darauf hin, dass Aristoteles die Sinneserfahrung jedem Argument vorgezogen habe.[13] Über Aristarchos von Samos und Kopernikus heißt es: «Ich kann die Höhe der Intelligenz jener Männer nicht gebührend bewundern, die es [das kopernikanische System) empfangen haben – und es für wahr halten, die mit der Entschiedenheit ihres Urteils ihren eigenen Sinnen derart Gewalt angetan haben, dass sie nun vorziehen, was ihr Verstand ihnen diktiert, gegenüber dem, was ihre Sinneserfahrung als das Gegenteil darstellt ... Meine Bewunderung ist grenzenlos, wenn ich bedenke, wie in Aristarch und Kopernikus der Verstand solch einen Angriff auf ihre Sinne unternehmen konnte, dass er sich zum Herrscher über ihren Glauben machte.»[14] Bezeichnend ist auch hier, dass Galilei zwar Aristarchos und Kopernikus bewundernd hervorhebt, Giordano Bruno aber, der weit radikaler als jeder andere die Sinneserfahrung kosmisch zu relativieren vermochte, nicht erwähnt.

Galileo betont hier, wie vor ihm bereits Bruno, dass das kopernikanische System der unmittelbaren Sinneswahrnehmung nicht nur widerspricht, sondern dass durch dessen geistige Akzeptierung den Sinnen geradezu Gewalt angetan wird. Giordano Bruno begreift dies als eine Chance, die unmittelbar erfahrene Sinneswelt in ihrer engen Gebundenheit an die Gestirnoberfläche «radikal», das heißt von der Wurzel her, zu kritisieren. Für Bruno muss jede Erscheinung der kosmischen Umwelt zunächst einmal in ihrer sinnlichen Unmittelbarkeit in Frage gestellt und auf ihren möglichen Täuschungscharakter hin untersucht werden.

Wenn, so schließt Bruno, die Sinneswelt in diesem einen wichtigsten Punkt eine so fundamentale Täuschung zulässt, so dass die kosmische Wahrheit ihr antipodisch entgegengesetzt ist, dann muss die sinnliche Wahrnehmung schlechthin als trügerische Erscheinung, ja als «Schein» angesehen und gewertet werden, wobei «Schein» im Sinne Brunos nicht als Traumwelt oder Phantasmagorie aufzufassen ist, sondern als «Welt der Wirkungen», deren eigentliche Ursachen im kosmischen Gefüge zu suchen sind. Galilei war, als er sich um den Nachweis der Richtigkeit des heliozentrischen Systems bemühte, das heißt um einen Nachweis mittels der Erweiterung der sinnlichen Wahrnehmung durch das Fernrohr, im Grunde Aristoteliker und ist es auch trotz seines doch darzustellenden Platonismus geblieben.

Das Mühen um sinnliche Evidenz ohne Rückbezug auf kosmische Ursächlichkeit «nicht-sinnlicher» Natur ist ein zutiefst mittelalterlich-scholastisches Prinzip.

So gesehen hat Galilei wesentliche Elemente des mittelalterlichen Denkens, seinen naiven Empirismus in der Aristoteles-Nachfolge beibehalten und mit ihm fast die gesamte neuzeitliche Physik.

Daran ändert auch die Anwendung der Mathematik als Erkenntnisinstrument nichts, da diese das geozentrische Prinzip nicht aufzuheben vermag.

Das klingt zunächst absurd und muss demjenigen gänzlich unverständlich bleiben, der unter Hinweis auf die technische Präzision der «Raumfahrt» gerade den die Geozentrizität überwindenden Aspekt moderner Weltraumforschung herausstreicht.

Hier sollte bedacht werden, dass astrophysikalische Angaben etwa über die Oberflächentemperaturen ferner Fixsterne ausnahmslos Extrapolationen erdoberflächenverhafteter Messungen darstellen, ausgehend von der mathematischen Auswertung spektralanalytischer Beobachtungen.

Wenn etwa in einem modernen Lehrbuch der Physik darauf hingewiesen wird, «dass Erkenntnisse über die Außenwelt nur aus der Außenwelt selbst kommen können und dass wir deshalb nur auf dem Wege über die sinnlichen Wahrnehmungen zu physikalischen Gesetzen kommen können»[15], so wird dadurch demonstriert, dass der aristotelische «Realismus» auch heute noch bestimmend ist für physikalisches Forschen. Auf dem Weg über die sinnliche Wahrnehmung wäre das geozentrische Weltbild niemals zu überwinden gewesen, auch nicht auf dem Weg der mathematischen Abstraktion. So hat die neuzeitliche Physik den wichtigen Gedanken des heliozentrischen Weltbildes zwar übernommen, auch sich um seine wissenschaftliche Fundierung bemüht, ihn jedoch zunehmend mehr mit aristotelischen Elementen vermischt, was dazu geführt hat, dass der Großteil der Bevölkerung dieses Gestirns nach wie vor geozentrisch denkt und empfindet und das heliozentrische, ja eigentlich «kosmozentrische» System allenfalls theoretisch angenommen hat. Zu einem kosmischen Bewusstsein, wie es im Werk Giordano Brunos zutage tritt, ist es nicht gekommen. Die geistige Überwindung der Geozentrizität war ein Akt naturphilosophischen Ganzheitsdenkens, nicht aber ein Ergebnis physikalisch-analytischer Forschung.

Das geozentrische Bewusstsein zeigt sich etwa in dem Umstand, dass die Überzeugung von der gleichsam absoluten Realität der Sinneswelt spätestens seit dem 19. Jahrhundert zur dogmatischen Doktrin weiter Kreise wurde, als das kausal-mechanische Weltbild seine größten Erfolge verzeichnen konnte. Daran hat auch die revolutionäre Wandlung der modernen Physik seit Einstein, Planck, Bohr und Heisenberg nichts grundsätzlich geändert.

Um des Nolaners Kritik der erdoberflächenverhafteten Erfahrungswelt in Richtung auf ihre kosmischen Grundlagen einzuordnen, muss gesagt werden, dass damit der gesamte Bereich des mittels physikalischer Messungen Erfassbaren angesprochen ist. Die Erweiterung oder Verfeinerung der sinnlichen Wahrnehmung durch technische Apparaturen vermag den wesensmäßig relativen Charakter dieses Erfahrungsbereichs nicht aufzuheben. Nur kosmische Grundlagenforschung wäre dazu in der Lage. Giordano Bruno macht die Notwendigkeit einer kosmischen, das heißt letztlich metaphysischen und vom Absoluten ausgehenden Grundlegung der physikalischen Erfahrungswelt deutlich. Damit sind die Grenzen rein physikalischer Erkenntnis erheblich enger gezogen, als dies gemeinhin geschieht.

Neben dem aristotelischen Element der Galileischen Physik muss das in gleichem Maße bedeutsame platonische bzw. pythagoreische Element herausgehoben werden. Für Galilei (wie für Kepler) ist das Buch der Natur in geometrischen Figuren geschrieben. In dieser Sichtweise wird die abstrakte Struktur der Mathematik zum Wesen der Natur erklärt, zum «objektiven Geist», welcher als bestimmendes Prinzip der bunten Fülle der Erscheinungen zugrunde liegt. Galilei drückt dies in den oft zitierten Sätzen aus: «Die Philosophie ist in dem großen Buch niedergeschrieben, das vor unseren Augen immer offen liegt, ich meine das Universum. Aber wir können es erst lesen, wenn wir die Sprache gelernt haben und mit den Zeichen vertraut sind, in denen es geschrieben ist. Es ist in der Sprache der Mathematik geschrieben, und seine Buchstaben sind Dreiecke, Kreise und andere geometrische Figuren; ohne diese Mittel ist es dem Menschen unmöglich, auch nur ein einziges Wort zu verstehen.»[16]

Dies wurde zur vielleicht wichtigsten Prämisse, zum bedeutsamsten, weil folgenreichsten Postulat der neuzeitlichen Physik.

Die Mathematik wird zum zentralen Erkenntniswerkzeug, zur physikalischen Grundlagenwissenschaft. Nur mittels der mathematischen Abstraktion glaubte man fortan, die objektiven Strukturen der Natur abbilden zu können. Hatten Galilei und seine Nachfolger alles Göttliche oder Metaphysische aus ihren Forschungen verbannt, alle «verborgenen Qualitäten» in den Dingen als wissenschaftlich unerkennbar oder schlicht als nicht vorhanden hingestellt, so blieb einzig die Mathematik als letzte Bastion der Metaphysik. Mathematik wurde zum Metaphysik-

Ersatz, das mathematisch formulierte «Naturgesetz» zum Abbild der platonischen Ideen. Und in diesem Sinne sind Heisenberg und Weizsäcker genauso als Platoniker zu bezeichnen wie Galilei und Kepler.

Für Giordano Bruno ist der Kosmos ein Organismus, kein Mechanismus; er kann deshalb auch mathematisch niemals vollgültig beschrieben oder erfasst werden. Während Galilei alles nicht-Mathematische als «subjektiv» aus der Naturwissenschaft auszuschließen bestrebt ist, in der Annahme, die Mathematik sei das objektive Wesen der Natur, weist Bruno einen derartigen Anspruch der Mathematik scharf zurück. Ihm ist die Mathematik, und hier liegt einer der wenigen Berührungspunkte mit seinem Gegner Aristoteles, bestenfalls eine Hilfswissenschaft mit begrenztem Anwendungsbereich. Obwohl der Nolaner die erst bei Galilei sich anbahnende vollständige Mathematisierung der Naturwissenschaft noch nicht kennen konnte, muten viele seiner kritischen Anmerkungen zur Mathematik wie direkt gegen Galilei gerichtet an. In Wirklichkeit kritisiert Bruno den platonischen Grundgedanken einer mathematischen Naturwissenschaft in seinem erkenntnistheoretischen Ansatz.

In der Galilei-Nachfolge wurde den qualitativen Theorien zunehmend der wissenschaftliche Erkenntnis- und Erklärungswert abgesprochen.

«Wer naturwissenschaftliche Fragen ohne Hilfe der Mathematik lösen will, unternimmt Undurchführbares» (Galilei).[17] Die höchste aller Qualitäten, das Leben selbst, war damit aus dem Bereich der Naturwissenschaft verbannt. Wobei es nicht an Versuchen gefehlt hat und fehlt, alles Lebendige als komplizierte Form von quantifizierbaren Grundelementen aufzufassen, als Maschine im Sinne einer universalen mechanistischen Naturphilosophie, wie sie Descartes zu entwickeln gedachte. «Natur» und «Ausdehnung» sieht er als identisch an. Für Descartes ist die physikalische Welt gleichsam materialisierte Geometrie oder Mathematik. Im kausal-mechanischen Weltbild wird die Natur auf die mathematisch erfassbare Bewegung materieller Teilchen reduziert, die Gesetze der Mechanik werden zu den Grundgesetzen der Natur erklärt.

Mit der Ausdehnung des Anwendungsbereiches mathematisch-mechanistischer Methoden wuchs auch der Erkenntnis- und Machtanspruch der Physik. An dem Wissenschaftsbild der Physik orientierten sich alle anderen Naturwissenschaften, und bis heute kommt keine Naturwissenschaft ohne die Physik als Hilfswissenschaft aus.

Als Newton die von Galilei mathematisierte Mechanik endgültig auf den Kosmos und die Planetenbewegungen übertrug, wurde dies als ungeheurer Erkenntnisfortschritt gewertet. Die Möglichkeit präziser Voraussagen von Sternbeobachtungen mittels der Newtonschen Gesetze schien letzte Zweifel an der universellen Gültigkeit mathematischer Naturgesetze zu beseitigen. Die Philosophie, noch in der Renaissance ein integraler Bestandteil aller Naturwissenschaft, wurde genauso entbehrlich wie die «Hypothese Gott» (Laplace). Die Philosophen ihrerseits hatten der neuen Physik wenig entgegenzusetzen, ja, sie wurden durch sie geprägt. Ein Großteil der philosophischen Werke Kants kreiste um die Frage, wie die von ihm unterstellte Notwendigkeit und Allgemeingültigkeit der mathematischen Naturgesetze zu erklären sei. Wie viele andere war Kant überzeugt von einer lückenlosen, mathematisch erfassbaren Kausalverknüpfung der Erscheinungen. Kant ist es auch, der die Physiker gleichsam aus den Fittichen der Philosophie und Metaphysik entlässt, was de facto ohnehin längst vollzogen war. Er fordert die Naturwissenschaft ausdrücklich auf, alle metaphysischen Erklärungsansätze abzulehnen und sich nur auf dasjenige zu beschränken und zu gründen, «was als Gegenstand der Sinne zur Erfahrung gehören und mit unseren wirklichen Wahrnehmungen nach Erfahrungsgesetzen in Zusammenhang gebracht werden kann»[18]. Zwar hat die Naturwissenschaft sich stets als Erfahrungswissenschaft verstanden und metaphysische Wissensansprüche oder Erklärungsversuche als spekulativ zurückgewiesen, nur stand im Zentrum des Wissenschaftsideals nicht die unmittelbare, lebendige Erfahrung, sondern die mathematische Konstruktion. Das von einer mathematischen Hypothese ausgehende Experiment diente primär dazu, Messreihen zu erzielen, aus welchen dann gegebenenfalls verallgemeinert ein Naturgesetz formuliert werden konnte. Höchstes Ziel der theoretischen Physik ist stets die Formulierung mathematischer Naturgesetze mit universaler Gültigkeit. Dass diese niemals restlos zu verifizieren sind und folglich hypothetisch bleiben müssen, ist bekannt und war wiederholt Gegenstand wissenschaftstheoretischer Auseinandersetzungen.

Der Begriff des mathematischen Naturgesetzes ist unvereinbar mit dem Weltorganismus-Gedanken des Giordano Bruno, dem Gedanken der lebendigen Ganzheit und Einheit der Natur. *Daher ist es, wo wir hier in rein naturwissenschaftlichem Sinne sprechen, unnötig, uns auf mathematische Phantasien einzulassen*[19], heißt es einmal in deutlicher Zurückweisung des naturphilosophischen Anspruchs der mathematischen Astronomie. Bei Äußerungen dieser Art pflegen Naturwissenschaftler auf die Möglichkeit hinzuweisen, mittels der mathematisch formulierten Naturgesetze präzise Voraussagen zu machen. Da dies mit der qualitativen Naturwissenschaft Brunos nicht möglich ist, wird dieser der Erklärungswert abgesprochen. Hier muss gesagt werden, dass auch die geozentrische Lehre des Ptolemäus es ermöglichte, präzise Voraussagen von beobachtbaren Gestirnbewegungen zu machen. Die mythenhafte Verklärung der entstehenden mathematischen Naturwissenschaft hat die historische Tatsache verdeckt, dass die Berechnungen des Kopernikus weder einfacher noch genauer waren als diejenigen des Ptolemäus. Die heliozentrische Lehre war der mathematischen Präzision und Voraussagekraft der geozentrischen Lehre zunächst keineswegs überlegen.[20] Woraus zu folgern ist, dass die mathematische Präzision durchaus einer physikalischen Illusion dienstbar gemacht werden kann und, für sich genommen, keine Beweiskraft hat.

Ohne die *herrliche Erkenntnis des Kopernikus,* schreibt Bruno, sei *die Kunst des Rechnens, Messens, Zeichnens und Entwerfens nichts als ein Zeitvertreib für findige Narren*[21].

Die mathematische Astronomie ist für den Nolaner ein zu überwindendes Element der geozentrischen Weitsicht, mittels dessen die kosmischen Phänomene niemals vollgültig erfasst werden können. Kosmologische Aussagen so weitreichender Art und mit derart hohem Erkenntnisanspruch, wie sie auf der Basis mathematischer Hypothesen von den Physikern seit Newton vorgetragen werden, hätte er als unzulässige Übergriffe von Spezialwissenschaftlern in den Bereich der Naturphilosophie zurückgewiesen. In Brunos Sicht wird hier fast ausnahmslos die kosmische Relativität der physikalischen Erfahrungswelt außer acht gelassen.

Was darunter im einzelnen zu verstehen ist, wird an späterer Stelle deutlich werden. Dass der von Galilei entwickelte Wissenschaftsbegriff in einem engen Kausalzusammenhang steht zu den beklemmenden Auswirkungen der Physik des 20. Jahrhunderts, wurde bereits angedeutet. «Durch seine ausschließliche Konzentration auf Quantität hat Galilei im Endeffekt die reale Welt der Erfahrung disqualifiziert, und er hat auf diese Weise den Menschen aus der lebenden Natur in eine kosmische Wüste vertrieben», schreibt Lewis Mumford.[22] Ob es gelingt, diese «Vertreibung» rückgängig zu machen, davon dürften die Überlebenschancen der Menschheit maßgeblich mitbestimmt werden. In diesem Zusammenhang könnte der naturphilosophische Ansatz Giordano Brunos eine bis dato ungeahnte Wirksamkeit entfalten, sofern es gelingt, ihn als lebendige Kraft schöpferischer Veränderung zu begreifen.

Leben und Werk

In den «Avvisi di Roma», einer römischen Zeitung, steht am Sonnabend, dem 19. Februar 1600, folgende Nachricht: «Am Donnerstagmorgen wurde auf dem Campo dei fiori jener verbrecherische Dominikanermönch aus Nola lebendig verbrannt, von dem wir in einem der letzten Blätter berichteten: ein sehr hartnäckiger Ketzer, der nach seiner Laune verschiedene Dogmen gegen unseren Glauben ersonnen hatte, und zwar insbesondere gegen die heilige Jungfrau und die Heiligen. Dieser Bösewicht wollte in seiner Verstocktheit dafür sterben, und er sagte, er sterbe als Märtyrer und sterbe gern und seine Seele werde aus den Flammen zum Paradies emporschweben. Aber jetzt wird er ja erfahren, ob er die Wahrheit gesagt hat!»[23] Demnach wurde der Nolaner Giordano Bruno am 17. Februar 1600 als Ketzer öffentlich verbrannt. Auch ein weiteres wichtiges Dokument, der berühmte Brief des Kaspar Schoppe, gibt den 17. Februar als Datum der Verbrennung an.

Am 9. Juni 1889 wurde auf dem römischen Campo dei fiori ein Bruno-Denkmal enthüllt. Jahrelange Auseinandersetzungen zwischen der katholischen Kirche und den Anhängern jener Bewegung, welche in Bruno einen Märtyrer der Geistesfreiheit und der Wissenschaft sahen, waren diesem Ereignis vorausgegangen. Es hat nicht an Versuchen gefehlt, die Hinrichtung Brunos überhaupt abzustreiten und die darauf bezugnehmenden Dokumente als Fälschungen hinzustellen. Das einzige Dokument, welches auch von kirchlicher Seite als authentisch angesehen wurde, ist erst 1889 zum erstenmal veröffentlicht worden. Es handelt sich um einen Bericht der «Bruderschaft von St. Johannes dem Enthaupteten»: «Um zwei Uhr nachts wurde die Bruderschaft benachrichtigt, dass am nächsten Morgen die Hinrichtung eines armen Dulders stattfinden werde. Um sechs Uhr abends versammelten sich die Trostspender und der Kaplan in San Orsola und gingen zu dem Gefängnis im Turm von Nona. Dort betraten sie die Kapelle und sprachen die üblichen Gebete für den zum Tode verurteilten Giordano Bruno (Sohn des verstorbenen Giovanni Bruno), ein abtrünniger Bruder aus Nola (im Königreich), ein verstockter Ketzer. Er wurde von unseren Brüdern mit aller Liebe ermahnt. Auch riefen wir zwei Pater der Dominikaner, zwei von den Jesuiten, zwei von der Neuen Kirche und zwei von der Kirche des heil. Hieronymus. Sie zeigten ihm mit großem Eifer und mit großer Gelehrsamkeit seinen Irrtum. Er jedoch beharrte bis zum Ende immer in seiner verdammten Widerspenstigkeit und verdrehte sich sein Gehirn und seinen Verstand mit tausend Irrtümern; ja, er ließ nicht nach in seiner Halsstarrigkeit, nicht einmal, als er von den Gerichtsdienern abgeführt wurde nach dem Campo dei fiori. Dort wurde er entkleidet, an einen Pfahl gebunden und lebendig verbrannt (e quivi spogliato nudo e legato a un palo fu brusciato vivo). In all dieser Zeit wurde er von unserer Bruderschaft begleitet, die ständig Litaneien sangen, während die Trostspender bis zum letzten Augenblick versuchten, seinen hartnäckigen Widerstand zu brechen, bis er schließlich sein elendes und unglückseliges Leben aufgab.»[24]

Was sich an jenem 17. Februar 1600, einem Jubiläumsjahr der katholischen Kirche, auf dem Campo dei fiori zu Rom abspielte, mochte den Miterlebenden als ein buntes Spektakel, eine zur Abschreckung mahnende Manifestation kirchlicher Macht über alle Abweichler erschienen sein. Fünfzig Kardinäle waren in Rom versammelt, um den Festlichkeiten dieses Jubeljahres beizuwohnen, und die öffentliche Verbrennung eines abtrünnigen Mönchs, der als «Fürst der Ketzer» halb Europa bereist und seine gegen das Christentum gerichteten Lehrmeinungen verbreitet hatte, war ein Vorgang, der höchste Beachtung verdiente. Man muss Schilderungen von Ketzerverbrennungen gelesen haben, um zu begreifen, wie derartige Hinrichtungen als Fanal für die schaulustige Menge inszeniert wurden. Formal war es die «weltliche Gewalt», welche die Exekutionen durchführte; ihr wurden die Delinquenten von der Kirche übergeben, der einzig am «Seelenheil» der Betreffenden gelegen war.

Und der Einsatz der Folter galt ihr als legitimes Mittel, den ketzerischer Verirrungen Angeklagten zum Widerruf seiner vom kirchlichen Dogma abweichenden Auffassungen zu bewegen. Nicht immer jedoch rettete ein Widerruf dem der Ketzerei Verdächtigten das Leben.

Auch Bruno ist mit Sicherheit gefoltert worden. Ein Augenzeuge der Verbrennung berichtet: «Er [Bruno] sah bleich und blass aus – offenbar geschwächt von dem Blutverlust, den er durch die vergangenen Marterungen erlitten hatte. Seine Arme hingen wie leblos herunter. Man hatte sie aus den Gelenken gerissen, als man ihn über das Rad geflochten hatte. Nicht genug damit – die furchtbaren Marterwerkzeuge hatten an vielen Stellen das Fleisch bis auf den Knochen heruntergeschabt.»[25]

Es bedarf nur geringer Phantasie, um das beklemmende Schauspiel auf dem Campo dei fiori als eines der beschämendsten und düstersten Kapitel der Geschichte christlicher Institutionen zu erkennen. Millionen von Menschen waren seit dem späten Mittelalter von der Inquisition erfasst und schließlich auf ihr Betreiben hingerichtet worden. Nicht selten wurde Ketzern vor ihrer Verbrennung die Zunge herausgerissen. Im Falle Bruno ließ man es bei einer Knebelung bewenden. Der Mann, welcher im Alter von 52 Jahren einem der spektakulärsten Justizmorde der Geschichte zum Opfer fiel, wurde im Jahre 1548 in Nola bei Neapel geboren.[26] Bei seiner ersten Vernehmung durch die venetianischen Inquisitionsbehörden (am 29. Mai 1592) gibt Bruno einen knappen Überblick über sein Leben, der mit folgenden Sätzen beginnt: *Ich heiße Giordano, stamme aus der Familie der Bruni, meine Vaterstadt ist Nota, ungefähr zwölf Meilen von Neapel, in jener Stadt bin ich geboren und erzogen. Mein Beruf ist, und ist stets gewesen, jegliche Wissenschaft und Schrifttum. Mein Vater hieß Giovanni und meine Mutter Fraulissa Savolina, und der Beruf meines Vaters war der eines Soldaten; er ist ebenso wie meine Mutter bereits gestorben.*[27]

Der Taufname Brunos war nicht Giordano, sondern Filippo, was dem spanischen Felipe entspricht. – Nola liegt in der Campania, einem der fruchtbarsten Landstriche Italiens. Es gehörte zum Königreich Neapel, welches unter spanischer Herrschaft stand. Brunos Vater besaß ein kleines Anwesen in einem Dorf vor den Toren der Stadt Nola, am Fuße des Berges Cicala. Allem Anschein nach hat Bruno eine erlebnisreiche und sorgenfreie Kindheit durchlebt. Jedenfalls kann dies aus den Stellen seiner Werke geschlossen werden, in denen er auf frühe Jugenderlebnisse zurückgreift. Mit elf oder zwölf Jahren wurde Bruno von seinen Eltern nach Neapel geschickt, und 1562, also im Alter von vierzehn Jahren, begann er am Studio (freie Universität) Neapel das Studium der humanistischen Fächer, Logik und Dialektik.

Am 15. Juni 1565 trat der siebzehnjährige Filippo Bruno in den Dominikanerorden ein und nannte sich fortan Giordano. Man hat diesen Eintritt in den Dominikanerorden als den «schwerwiegendsten Fehler» bezeichnet, den Bruno begangen habe[28], den «verhängnisvollsten Schritt seines Lebens».[29]

Das mag richtig sein, doch erscheint es müßig, aus der Perspektive einer späteren Zeit derartige Wertungen vorzunehmen.

Auch dürfte es wenig sinnvoll sein, sich in Spekulationen darüber zu ergehen, welche Motive den Nolaner bei diesem weittragenden Entschluss geleitet haben mögen.

Es war das Zeitalter der Gegenreformation, und die katholische Kirche unternahm alle Anstrengungen, das durch die Reformation verlorene Terrain – geistig und politisch – zurückzugewinnen. 1542 hatte Papst Paul III. die Inquisition nach spanischem Vorbild erneuert und in Rom zentralisiert, und zwei Jahre bevor Bruno in den Dominikanerorden eintrat, war das Konzil von Trient (1545-63) zu Ende gegangen, welches primär auf die ideologische und machtpolitische Festigung der katholischen Kirche gerichtet war. 1564 wurde, nach einer Vorform von 1559, der «Index librorum prohibitorum» eingerichtet, das Verzeichnis der für Katholiken verbotenen Bücher. Brunos Schriften kamen 1603 auf den Index und blieben dort bis zu dessen Aufhebung im Jahre 1965.

Das Zeitalter der Gegenreformation hatte das geistige Klima Italiens grundlegend geändert. Die relative Großzügigkeit der Früh- und Hochrenaissance war einer zutiefst reaktionären Gegenströmung gewichen, innerhalb derer alle Ansätze zu einer liberaleren Grundhaltung von der Kirche im Keime erstickt wurden. Schon die geringsten Abweichungen von den kirchlichen Dogmen konnten zur Denunziation führen. So entstand eine Atmosphäre der Angst und der Unsicherheit, und Spitzel der Inquisition waren fast überall in Italien zu finden. Der spätere Prozess gegen Bruno ist ohne diesen Hintergrund nicht zu begreifen.

Schon ein bis zwei Jahre nach dem Eintritt ins Kloster kam es zu einem ersten Konflikt mit dem Orden. Bruno berichtet, ihm sei in Neapel zweimal der Prozess gemacht worden, *das erste Mal, weil ich gewisse Bilder und Figuren von Heiligen fortgegeben und nur das Kruzifix bei mir behalten habe, indem man mir vorwarf, ich verachtete jene Heiligenbilder* [30]. Auch hatte Bruno seinen eigenen Angaben nach bereits im achtzehnten Lebensjahr Schwierigkeiten, die christliche Trinitätslehre zu akzeptieren.

Der Begriff eines persönlichen Gottes war dem Nolaner seit dieser Zeit unnachvollziehbar geblieben und damit auch das Zentrum christlicher Dogmatik: die Lehre vom eingeborenen Gottessohn, der durch seinen Opfertod die Welt erlöst. Die frühe Ablehnung des Marienkultes und der Heiligenbilder sowie Zweifel an dem Kardinalpunkt christlichen Gottesverständnisses lassen unschwer ahnen, welchen Schwierigkeiten und Problemen der Mönch Giordano beinahe von Beginn seines Klosterlebens an ausgesetzt war.

Giordano Bruno war ein scharfer Beobachter, und er hat sich sehr früh zu einem bissigen und schonungslosen Kritiker von Missständen entwickelt. Es steht zu vermuten, dass er noch im Kloster die ersten Entwürfe zu seiner satirischen Komödie *Il candelaio* (Der Kerzenmacher) niedergeschrieben hat. Das Stück geißelt in großer Offenheit die vielfältigen Formen der Entartung und Hemmungslosigkeit, der Verlogenheit und Heuchelei in den Klöstern.

1572 erhielt Bruno die Priesterweihe; er zelebrierte seine erste Messe in Campagna bei Salerno und begann in San Domenico Maggiore in Neapel Theologie zu studieren. 1575 schloss er sein Studium ab. Wahrscheinlich hat der Nolaner einen nicht unbeträchtlichen Teil der Werke, die er in seinen späteren Schriften erwähnt, bereits als Mönch gelesen. Dies gilt insbesondere für das naturphilosphische Werk des Aristoteles.

Erst arabische und jüdische Denker hatten dem europäischen Mittelalter die naturphilosophischen Schriften des Aristoteles vermittelt, und das aristotelische Weltbild war seit der Hochscholastik im 13. Jahrhundert, durch Albertus Magnus und Thomas von Aquin, mit den Dogmen des Christentums eine merkwürdige Symbiose eingegangen, welche das Denken Europas bis weit ins 17. Jahrhundert hinein bestimmte. Die Schriften der griechischen Philosophen wurden in der Regel in lateinischen Übersetzungen gelesen, und obwohl Bruno neben seiner Muttersprache auch Latein und Spanisch beherrschte, bleibt offen, ob und in welchem Umfang er Platon, Aristoteles und andere griechische Denker im Original zu lesen vermochte. Neben den großen Griechen studierte der Mönch Giordano die Kirchenväter und die Neuplatoniker sowie die arabischen Kommentatoren des Aristoteles, Averroes, Avicenna und Avicebron, die römischen Dichter Vergil, Ovid und Lukrez und den Cusaner (Nikolaus von Kues, 1401-64), den er verehrte und in gewissen Grenzen als einen seiner Vorläufer betrachtete. Auch die epochemachende Schrift des Kopernikus dürfte Bruno bereits als Mönch gelesen haben.

Der Nolaner besaß ein vorzügliches Gedächtnis, das er durch ein auf der Grundlage der Mnemotechnik des Raymundus Lullus entwickeltes System der Gedächtniskunst unvorstellbar verfeinerte und präzisierte.

Lullus, ein Scholastiker und Mystiker des 13. Jahrhunderts, hatte ein partiell sehr modern anmutendes System abstrakter Symbole geschaffen, mittels dessen man in die Lage versetzt werden sollte, alle Wissenschaften durch eine umfassende Kombinatorik ihrer Grundelemente zu einer großen Einheit zusam-

menzufügen. Was bei Lullus auf einer mechanistischen und ana-
lytischen Methodik basierte, wird von Bruno umgeformt zu einem sehr lebendigen Gefüge, gespeist von dem Gedanken der
Einheit alles Seins und dazu erdacht, den einzelnen mit dem
göttlichen Wirken der Einheit hinter der komplexen Vielheit der
Erscheinungen in Verbindung zu bringen. Dieses System der Gedächtniskunst, welches Bruno in mehreren Schriften sehr eingehend dargestellt hat, wurde von ihm mit souveräner Meister-
schaft gehandhabt. Schori als Mönch war er berühmt für sein
phänomenales Gedächtnis.

Brunos auch äußerlich vollzogener Bruch mit dem Orden
und der Kirche fällt in das Jahr 1576. Alte Anklagepunkte waren
erneuert und der Vorwurf der Ketzerei gegen ihn erhoben worden. Bruno ging zunächst nach Rom und begab sich dort zum
Kloster Santa Maria Sopra Minerva, der Zentrale des Dominikanerordens. Brunos Bericht über diese Vorgänge ist kurz, und es
bleibt offen, was im Letzten in ihm die Entscheidung reifen ließ,
das Kloster in Neapel zu verlassen. Auf jeden Fall hatte sich die
geistige Grundhaltung des angehenden Philosophen von derjenigen des Ordens so weit entfernt, dass der gegen ihn erhobene
Häresieverdacht ein willkommener Anlass gewesen sein mag,
die innere Loslösung auch nach außen hin zu vollziehen.

In Rom erfuhr Bruno, dass man dem Prokurator des Ordens
von Neapel aus 130 Anklagepunkte gegen ihn übermittelt hatte.
Bruno hatte zwei Werke von Hieronymus und Johannes Chryso-
stomus mit den verbotenen Fußnoten des Erasmus von Rotter-
dam im Abtritt des Klosters versteckt; diese waren aufgefunden
worden und hatten den ohnehin seit langem bestehenden Verdacht der Ketzerei verstärkt. Der Nolaner wusste, dass die im
Kloster von Neapel aufgesetzte Anklageschrift gegen ihn eine al-

lerhöchste Gefährdung bedeutete, der er sich letztlich nur durch die Flucht entziehen konnte.

So entschließt sich der gerade Achtundzwanzigjährige, das Ordenskleid abzulegen und mit Kirche und Orden endgültig zu brechen. Was folgt ist ein sechzehn Jahre währendes Wanderleben in einem von politischen und religiösen Unruhen zerrissenen Europa, an dessen Ende die Verhaftung durch die venetianische Inquisition im Mai 1592 steht. Bruno berichtet, er sei nach Ablegung des Ordenskleides nach Noli gegangen, ins Genueser Gebiet. *Ich verweilte in Noli ... ungefähr vier Monate, indem ich Knaben in der Grammatik unterrichtete und einigen Edelleuten Unterricht über Astronomie erteilte.*[31] Über Savona und Turin begab sich der Nolaner nach Venedig und veröffentlichte hier eine kleine Schrift mit dem Titel *Von den Zeichen der Zeit. Von Venedig reiste ich ab und ging nach Padua, wo ich einige mir bekannte Väter des Dominikanerordens traf, die mir rieten, das Ordenskleid wieder anzulegen; denn wenn ich mich auch nicht wieder zur Religion bekennen wollte, so schien es ihnen doch zweckmäßiger, mit dem Ordenskleid zu reisen als ohne solches, und in diesem Gedanken ging ich nach Bergamo und ließ mir dort eine Kutte aus billigem weißem Tuch machen und hing das Skapulier, das ich bei meiner Abreise von Rom behalten hatte, darüber und begab mich in dieser Kleidung auf die Reise nach Lyon, und als ich durch Chambery kam und dort im Konvent des Ordens Unterkunft suchte und mich sehr kühl auf genommen sah, sagte mir ein italienischer Pater, mit dem ich darüber sprach: Seien Sie überzeugt, dass Sie in dieser Gegend auf keinerlei Wohlwollen rechnen dürfen und um so weniger, je weiter Sie reisen!*[32]

Wahrscheinlich noch im Jahre 1578 traf Giordano Bruno in Genf ein, obwohl er sich erst im Mai 1579 an der dortigen Universität immatrikulierte. Die freie Stadt Genf war das Zentrum des Calvinismus, ja der protestantischen Welt überhaupt, und Bruno musste sich zunächst der Hoffnung hingeben, hier als abtrünniger Mönch wohlwollend aufgenommen zu werden und ungestört seinen philosophischen Studien nachgehen zu können.

Johann Calvin hatte 1541 in Genf sein autoritär-«theokratisches» Regiment errichtet; Widerstände wurden mit grausamer Härte gebrochen, von Toleranz war wenig zu verspüren. Allein in der Zeit von 1542 bis 1546 wurden 58 Menschen aus religiösen Gründen hingerichtet, und die Nachfolger des 1564 verstorbenen Reformators standen ihm wenig nach in der fanatischen Intoleranz ihres politisch-religiösen Wirkens.

Giordano Bruno berichtet: *So wandte ich mich plötzlich nach Genf, ich nahm in einer Gastwirtschaft Logis und lernte alsbald den Marchese de Vico aus Neapel kennen, der in jener Stadt wohnte und mich fragte, wer ich wäre und ob ich dorthin gekommen sei, um zu bleiben und zur Religion dieser Stadt überzutreten. Ich erwiderte, ich kennte diese Religion nicht und hätte keinen anderen Wunsch als den, in Freiheit zu leben und sicher zu sein, und da er mir riet, auf alle Fälle das Mönchsgewand abzulegen, das ich trug, legte ich es ab und ließ mir andere Kleider und Schuhe machen ...* [33]

Am 6. August 1579 wurde Bruno verhaftet und ins Gefängnis geworfen. Man warf ihm vor, eine Streitschrift gegen einen maßgebenden Philosophieprofessor abgefasst zu haben, «in welcher diesem in beleidigender Weise 26 Irrtümer in einer seiner Vorlesungen nachgewiesen werden» [34]. Das Pamphlet ist nicht erhalten, doch kann man sich ungefähr ein Bild davon machen, wenn man die scharfe und bissige Kritik an den Vertretern der scholastischen Lehrmeinung kennt, wie sie sich in späteren Schriften Brunos findet. Zwar wurde Bruno nur wenige Tage in Haft gehalten, doch zogen sich die Verhandlungen über die Streitschrift wochenlang hin. Schließlich gab Bruno nach und nahm die von ihm aufgestellten Behauptungen zurück, um weiteren Repressalien zu entgehen. Wenig später, im September oder Oktober 1579, verließ er Genf. Was er von der reformierten Religion kennengelernt hatte, war ihm fortan Gegenstand kompromissloser Ablehnung. Er schreibt später über die Calvinisten, sie seien *Grammatiker und Buchstabeneiferer* von *blinder Vermessenheit, welche in unseren Tagen ganz Europa unsicher machen.* Er wirft ihnen vor, sie hätten *unter dem Vorwande, die deformierte Religion zu reformieren, gerade das verdorben, was an derselben noch gut war,* spricht von *ihrer muckerhaften und eingebildeten Dummheit.*[35]

Giordano Bruno begab sich dann, nach etwa einmonatigem Aufenthalt in Lyon, nach Toulouse. *Daher ging ich von dort nach Toulouse, wo eine berühmte Hochschule ist, und nachdem ich hier die Bekanntschaft intelligenter Leute gemacht hatte, wurde ich von ihnen eingeladen, vor einem Zuhörerkreise über die Sphäre* (Astronomie) *zu lesen; ich hielt diese Vorlesung, außerdem andere Vorlesungen über Philosophie sechs Monate lang.*[36] Danach erwarb Bruno den freigewordenen Lehrstuhl für Philosophie an der Universität; seine Vorlesungen waren primär der Psychologie des Aristoteles und dem System der Lullischen Gedächtniskunst gewidmet. Die in Toulouse veröffentlichten Schriften sind nicht erhalten. Im Jahre 1581 verließ Bruno Toulouse und begab sich nach Paris. Es war die Zeit der Hugenottenkriege; achtmal von 1562 bis 1598 wurde Frankreich von blutigen Bürgerkriegen erschüttert. 1572 waren in der Bartholomäusnacht

30.000 Hugenotten von den Katholiken ermordet worden, davon allein 3.000 in Paris. – Die Reise von Toulouse nach Paris war lang und beschwerlich. Die zur Verfügung stehenden Verkehrswege unterschieden sich nur wenig von denen des Mittelalters, und man sollte keine romantischen oder gar idyllischen Vorstellungen damit verbinden. Wir wissen nicht, in welcher Zeit und wie im einzelnen der Philosoph aus Nola diese und viele andere seiner Reiserouten bewältigt hat. Paris war damals, mit etwa 300.000 Einwohnern, die wohl bevölkerungsreichste Stadt Europas. Hier regierte Heinrich III., der Sohn der Italienerin Katharina von Medici, und Italiener nahmen im wirtschaftlichen und kulturellen Bereich der Hauptstadt eine wichtige Funktion ein.

Der König war ein Mann voller Widersprüche und Launen, zu denen es unter anderem gehörte, sich zuweilen als großzügiger Förderer der Künste und der Wissenschaften zu erweisen. *... und infolge des Bürgerkrieges verließ ich Toulouse und ging nach Paris, wo ich, um mich bekannt zu machen, eine außerordentliche Vorlesung ankündigte und 30 Vorträge hielt, die zum Gegenstande die 30 göttlichen Attribute hatten, entnommen dem ersten Teile des heiligen Thomas. Als ich infolge davon ersucht wurde, eine ordentliche Professur zu übernehmen, lehnte ich es ab, da die ordentlichen Professoren in dieser Stadt regelmäßig zur Messe gehen ... Doch durch jene außerordentlichen Vorlesungen erwarb ich mir einen solchen Namen, dass der König Heinrich III. mich eines Tages zu sich beschied und mich fragte, ob das Gedächtnis, das ich besäße und an den Tag legte, natürlich wäre oder auf magischer Kunst beruhe. Ich gab ihm befriedigende Auskunft; nach meinen Worten und Werken erkannte er bald, dass es sich nicht um magische Kunst, sondern um Wissenschaft handelte, und* *danach ließ ich ein Buch drucken über das Gedächtnis unter dem Titel «De umbris idearum»* (Von den Schatten der Ideen), *das ich Seiner Majestät widmete, und aus diesem Anlass ernannte er mich zum außerordentlichen Professor mit Gehalt, und ich fuhr fort, in jener Stadt zu lesen.*[37] Die genannte Professur erhielt der Nolaner am College de Cambrai. Neben dem erwähnten Buch *De umbris idearum* und zwei weiteren Werken ähnlichen Inhalts veröffentlichte Bruno im Jahre 1582 seine italienisch geschriebene Komödie *Il candelaio,* von der bereits die Rede war.

Der Nolaner verließ Paris im Frühjahr 1583, um sich nach England zu begeben. Er trug ein Empfehlungsschreiben des Königs an den französischen Botschafter in London, Michel de Castelnau, Marquis de Mauvissiere, bei sich. Dieser war ein großzügiger und weitherziger Mann, der, obwohl Katholik, Bruno gegenüber ein beachtliches Maß an Toleranz aufbrachte. Nach einem vergeblichen Versuch im Juni 1583, einen Lehrstuhl an der Universität Oxford zu erwerben, wohnte Bruno im Hause des Botschafters in der Butcher Row in London bis zum Spätsommer oder Herbst 1585.

Diese Zeit kann als die wohl produktivste Phase in Brunos Leben bezeichnet werden. Sie fällt in die biblische «Lebensmitte» – das Alter, in dem Dante seine poetische Jenseitsreise stattfinden lässt. Eine wichtige Phase ist sie auch insofern, als Bruno nicht gezwungen war, einer beruflichen Tätigkeit nachzugehen oder auf akademische Gepflogenheiten Rücksicht zu nehmen. Sein Verhältnis zu dem erheblich älteren Michel de Castelnau (1520-1592) war allem Anschein nach ein sehr gutes und herzliches. Bruno hat ihm mehrere seiner Werke zugeeignet und wiederholt seine Dankbarkeit ihm gegenüber zum Ausdruck gebracht. – Trotz allem war die Lebenssituation des Nolaners in London keineswegs idyllisch.

Zwar gab es viele Italiener in der englischen Hauptstadt, und es gehörte zum gesellschaftlichen Selbstverständnis höfischer und intellektueller Kreise, die italienische Sprache zu beherrschen, doch war die Londoner Bevölkerung alles andere als ausländerfreundlich, und Beleidigungen oder gar tätliche Angriffe auf Ausländer waren gang und gäbe. Hinzu kam, dass Bruno kein Englisch sprach und sich auch weigerte, es zu erlernen.

Zu dem Kreis, den Bruno über Michel de Castelnau kennenlernte, gehörten unter anderem der gleichfalls in der Botschaft lebende Italiener John Florio, der zu einem engen Freund Brunos wurde, sowie Sir Fulke Greville und der Dichter Sir Philip Sidney.

Die englische Königin Elizabeth I. hat der Nolaner mit großer Wahrscheinlichkeit persönlich kennengelernt; Michel des Castelnau habe ihn wiederholt zum Hofe mitgenommen, erklärt er später.[38] Er preist sie als eine *einzigartige und einmalige Frau, die an Namen und Würde keinem König nachsteht und die es mit jedem, der auf Erden ein Zepter trägt, an Verstand, Weisheit, Rat und Regierung aufnehmen kann.*[39]

Diese und ähnliche Lobpreisungen der englischen Monarchin, die in den Augen der Katholiken als Ketzerin galt, sind dem Nolaner später von der Inquisition zur Last gelegt worden. Im übrigen sind sie nur aus der Zeit zu begreifen, und letztlich war der wandernde Philosoph und immer wieder in die Einsamkeit und soziale Isolation gedrängte Außenseiter stets vom Wohlwollen der staatlichen Machtträger abhängig.

In London schrieb Bruno seine sechs italienischen Dialoge, die bei John Charlewood verlegt wurden, wobei als Verlagsort Venedig bzw. Paris angegeben wurde, um den Werken einen besseren Absatz zu verschaffen.

1584 erschienen: *La cena de le Ceneri (Das Aschermittwochs-mahl), De la causa, principio et Uno (Von der Ursache, dem Prinzip und dem Einen), De l' infinito, universo et Mondi (Vom Unendlichen, dem All und der Welten)* und *Spaccio de la bestia trionfante (Die Vertreibung der triumphierenden Bestie)*. 1585 erschienen *Cabala del cavallo pegaseo Con l'aggiunta dell' Asino Cillenico (Die Kabbala des Pegasus mit der Zugabe des Kyllenischen Esels)* und *De gl'heroici furori (Die heroischen Leidenschaften)*.

Es kam vieles zusammen, um diese Werke zum bis heute andauernden Ärgernis für die gelehrte Welt werden zu lassen, und Bruno war sich des antiakademischen Charakters seiner Schriften bewusst. Ihm war klar, dass allein die Verwendung seiner Muttersprache zur Darstellung philosophischer Themen die Zurückweisung der akademischen Autoritäten seiner Zeit heraufbeschwören musste, für die das Lateinische die Wissenschaftssprache schlechthin war. – Die vom Nolaner eingesetzte didaktische Form verstärkte diesen provokativen Charakter.

Der erste Dialog, *Das Aschermittwochsmahl*, geht Brunos eigenen Angaben nach auf ein Gastmahl zurück, welches im Hause des französischen Botschafters am Aschermittwoch des Jahres 1584 stattfand.[40] In dem Buch selbst wird Sir Fulke Greville als Gastgeber genannt. Das Werk, wohl das am leichtesten lesbare Buch Brunos, ist als Gegenentwurf zu dem traditionell bekannten und gepflegten «Symposion» konzipiert.

In gezielter Uneinheitlichkeit, wodurch das Werk zu einem Unikum der Weltliteratur wird, werden possenhaft-satirische, realistische, philosophische und wissenschaftliche Elemente unverbunden nebeneinander gestellt. Im *Aschermittwochsmahl* finden sich bereits die Grundzüge der von Kopernikus ausgehenden Kosmologie des Nolaners dargestellt.

Die Veröffentlichung des Buches führte zum Eklat und verprellte selbst Wohlwollende, unter ihnen Sir Fulke Greville. Vor allem die Schärfe und Kompromisslosigkeit der satirischen Passagen hatten hierzu beigetragen. Selten sind Dünkelhaftigkeit und Arroganz akademischer Gelehrsamkeit so erbarmungslos karikiert worden wie in diesem Werk. Hier, wie auch in Teilen späterer Dialoge, vor allem in der *Kabbala des Pegasus,* zeigt sich Bruno als einer der großen Satiriker der abendländischen Literatur, durchaus gleichrangig einem Aristophanes, Lukian und Jonathan Swift, um nur drei der bedeutendsten zu nennen. – Bruno musste sich den Vorwurf gefallen lassen, er, der Ausländer, habe sein Gastgeberland geschmäht und beleidigt; und die Skala von Brunos Anwürfen reicht in der Tat von der Klage über die Unflätigkeiten und Pöbelhaftigkeiten des Mannes auf der Straße bis zur Empörung über die Unhöflichkeit und Dummheit der englischen Gelehrtenwelt. Schließlich sah sich Bruno genötigt, seinem zweiten italienischen Dialog eine Art Rechtfertigung des *Aschermittwochsmahls* voranzustellen. Hier heißt es: *So wahr mir die hohen Götter helfen mögen, mein Armesso, ich habe niemals aus schmutziger Eigenliebe oder aus gemeiner Sorge für ein privates Interesse solche Rache geübt, sondern aus Liebe zu meiner vielgeliebten Mutter, der Philosophie, und aus Eifer für ihre verletzte Majestät. – Jetzt möchte sich jeder nichtsnutzige Pedant, jeder lumpige Wortheld, jeder dumme Faun, jeder unwissende Esel, indem er sich mit einer Last von Büchern zeigt, sich den Bart lang wachsen lässt und allerlei andere Manieren annimmt, dafür ausgeben, als ob er zur Familie gehörte.*[41]

Die Apologie gerät zunehmend zur neuerlichen, eher noch bissigeren Satire. Was Bruno eben noch zurückzunehmen oder

41

zu modifizieren schien, wird nun erneut aufgegriffen und vorgetragen. So ist es nicht verwunderlich, dass die Gelehrtenwelt wenig Wohlwollen für einen Mann aufbringen konnte, der sie wie kein anderer verspottete.

Die Schrift *Von der Ursache, dem Prinzip und dem Einen* enthält die Darstellung der Brunoschen Einheitsmetaphysik, seine Lehre vom Zusammenwirken von Materie, Weltseele und universeller Vernunft.

Vom Unendlichen, dem All und den Welten setzt sich mit dem geozentrischen Weltbild des Aristoteles auseinander. Diesem wird, in Weiterführung der Aussagen des *Aschermittwochsmahls,* die Vision eines aktual unendlichen Universums mit einer unendlichen Zahl bewohnter Welten und Sonnensysteme gegenübergestellt.

Der vierte Dialog, *Die Vertreibung der triumphierenden Bestie,* ist eine moralphilosophische Schrift in Gestalt einer Satire der antiken Götterwelt: Zeus verfügt die Ablösung von 48 Sternbildern, welche das lasterhafte Leben der Götter und die vielfältigen Aspekte des Niederträchtigen in Welt und Menschenseele symbolisieren (eben die zu vertreibende Bestie), durch deren schöpferische Gegenbilder. Die Schrift ist eine einzigartige Menschheitssatire, eine Art moralistische Generalabrechnung großen Stils, die bis heute in der Fülle ihrer symbolisch verschlüsselten Bilder nicht vollständig verstanden wurde. Man hat das Werk zu Recht mit der «Göttlichen Komödie» Dantes verglichen[42] , und obwohl es seinen Platz in der italienischen Literaturgeschichte – spät genug – erhalten hat, ist der Umstand bezeichnend für die noch immer andauernde Geringschätzung, dass beispielsweise die beiden deutschen Übersetzungen aus den Jahren 1899 und 1904 bis heute die einzigen geblieben sind und zu den Raritäten auf dem Büchermarkt gehören. – Der fünfte Dialog, *Die Kabbala des Pegasus,* ist eine Ergänzung zur *Vertreibung der triumphierenden Bestie,* fast durchgängig als Satire abgefasst und wiederum an den großen antiken Spötter Lukian sowie an Swift erinnernd. – Der letzte der sechs italienischen Dialoge, *Die heroischen Leidenschaften,* enthält die Erkenntnislehre des Nolaners in poetisch verschlüsselter Form. Die stellenweise an Dantes «Vita Nuova» erinnernde Schrift ist zugleich Brunos persönlichstes Buch. Wir erfahren mehr über ihn als in den meisten anderen seiner Schriften.

Wohl im September 1585 verließ Bruno London; er begleitete Michel de Castelnau, der seine Tätigkeit als Botschafter aufgegeben hatte, zurück nach Paris. Hier versuchte er zunächst, zu einer formalen Aussöhnung mit der katholischen Kirche zu gelangen. Den ihm jedoch angebotenen Weg einer Rückkehr in den Orden lehnte er ab; seine Bemühungen scheiterten. Die Motive für diesen fremdartig anmutenden Versuch des Nolaners liegen im dunkeln.

Das herausragende Ereignis jenes zweiten Paris-Aufenthalts war die berühmte Disputation am College de Cambrai zu Pfingsten 1586, für welche Bruno *120 Thesen gegen die Peripatetiker über Natur und Welt* aufgestellt hatte, die von einem seiner Schüler, den akademischen Gepflogenheiten der Zeit entsprechend, verteidigt werden sollten. Diese Thesen gegen die aristotelische Naturphilosophie stellen eine Art Kurzfassung der Brunoschen Kosmologie dar. Es heißt hier unter anderem: *Wir verstehen also unter Universum die unendliche stoffliche Substanz im unendlichen Raum* (These 69). *Das Universum ist ein einziges Kontinuum* (These 70). *Notwendig ist die Welt* (als Gestirn) *erschaffen und an sich vergänglich. Das All aber ist unerschaffen und unvergänglich* (These 74). *Die jenseits des Saturn beständig sichtbaren Sterne sind Sonnen* (These 87).[43]

Giordano Bruno gab die kleine Kampfschrift in Druck und fügte ihr neben einer Zueignung an Heinrich III. auch ein Schreiben an den Rektor der Sorbonne bei. Es war der kühne Versuch des Nolaners, die Autoritäten der führenden Universität des Abendlandes mit einem derartigen «Thesenanschlag» herauszufordern und zur Stellungnahme zu zwingen. Leider ist unsere Kenntnis der Vorgänge am College de Cambrai lückenhaft. Sicher ist, dass Brunos Thesen einen akademischen Skandal heraufbeschworen und dass es während der Disputation vorübergehend zu tumultartigen Szenen kam. Die anwesenden Studenten forderten Bruno auf, selbst zu den von Jean Hennequin, seinem Schüler, vorgetragenen Thesen Stellung zu nehmen oder diese zurückzuziehen. Bruno sagte sein Erscheinen zu einer neuerlichen Disputation am Pfingstmontag zu. An diesem Tag aber scheint er erst spät die Möglichkeit erhalten zu haben, selbst das Wort zu ergreifen. So verwies er auf die vorgerückte Stunde und kündigte seine Stellungnahme für den nächsten Tag an. Doch an jenem Dienstag erschien Bruno nicht mehr. Er verließ die französische Hauptstadt einige Wochen später.

Dies dürfte mit dem Umstand zusammenhängen, dass er nicht nur die Professoren, sondern auch den Großteil der Studentenschaft gegen sich aufgebracht hatte. So war ein Klima offener Feindseligkeit entstanden, innerhalb dessen eine philosophische oder wissenschaftliche Auseinandersetzung unmöglich war.

Nach einem vergeblichen Versuch, einen Lehrauftrag in Marburg zu erwirken, immatrikulierte sich der Nolaner am 20. August 1586 an der Universität Wittenberg, der langjährigen Wirkungsstätte Martin Luthers.

Durch Vermittlung des ihm aus England bekannten Juristen Alberico Gentilis, der in Wittenberg lehrte, erhielt Bruno Gelegenheit, über die logischen Schriften des Aristoteles sowie über die Gedächtniskunst des Raymundus Lullus zu lesen. Er blieb in Wittenberg bis zum März 1588, und aus den erhaltenen Dokumenten lässt sich schließen, dass diese Zeit die wohl ruhigste und friedlichste Phase seines Lebens war.

Die wichtigste Schrift, die der Nolaner in Wittenberg veröffentlichte, war eine kommentierte und erweiterte Fassung der Pariser Streitschrift gegen die Peripatetiker. Dieses Buch ist meines Wissens niemals vollständig in eine andere Sprache übertragen worden, was im übrigen für die meisten lateinischen Schriften Brunos gilt. Dabei handelt es sich um eines der großartigsten und auch stilistisch klarsten Werke der abendländischen Naturphilosophie.[44]

Streitigkeiten innerhalb der Universität zwischen Calvinisten und Lutheranern veranlassten Bruno schließlich, Wittenberg zu verlassen. Am 8. März 1588 hielt er vor den Professoren und Studenten eine Abschiedsrede.

Diese bekundet sein Bestreben, das eigene philosophische Wirken mit der deutschen Geistesgeschichte in Zusammenhang zu bringen. Der Lobpreisung des Cusaners, des Paracelsus, des Kopernikus und anderer folgen enthusiastische Sätze über Martin Luther, der vornehmlich als Kämpfer gegen das Papsttum herausgestellt wird. Der nächste Zielort Brunos war Prag, die Residenz Kaiser Rudolfs II., wo er um die Osterzeit des Jahres 1588 eintraf. Dort veröffentlichte er neben einer weiteren Schrift zur Mnemotechnik ein Buch mit dem Titel *160 Thesen gegen die Mathematiker und Philosophen unserer Zeit*. Der damit eingeleitete Versuch einer Überwindung der Euklidischen Geometrie wird später in dem lateinischen Lehrgedicht *De minimo* ausgebaut und vertieft. Einer der Kerngedanken ist die Ablehnung des mathematischen Unendlichkeitsbegriffs, der unendlichen Teilbarkeit einer gegebenen Größe.

Nachdem Brunos Versuch, einen Lehrauftrag an der Universität zu erhalten, gescheitert war, verließ er Prag nach sechsmonatigem Aufenthalt und begab sich nach Helmstedt. Hier traf er im Herbst 1588 ein. Über seine Lehrtätigkeit an der dortigen, erst 1576 gegründeten Universität ist wenig bekannt. Erhalten ist ein Brief Brunos vom 6. Oktober 1589, aus dem hervorgeht, dass er auf Grund eines privaten Streits mit einem führenden Geistlichen von diesem öffentlich exkommuniziert worden war, was ohne vorherigen formalen Übertritt zum Protestantismus schwer vorstellbar erscheint.

In Helmstedt schrieb Bruno drei Abhandlungen zur Magie, ein in der Renaissancephilosophie vielbehandeltes Thema, das noch Tommaso Campanella (1568-1639) beschäftigte. Hier ging es vornehmlich um die «magia naturalis», die «natürliche Magie». Der Bedeutungsgehalt des Wortes «Magie» (von griech. mageia = «Zauberei») in der Renaissance ist sehr weitgespannt; er umfasst Theorien und Praktiken aus dem Bereich der Astrologie und des Okkultismus, der Psychologie und der Naturphilosophie. «Magia naturalis» ist häufig identisch mit «philosophia naturalis». Der natürlichen oder spirituellen Magie wird die «dämonische Magie» als Gegenpol gegenübergestellt.

Giordano Brunos Abhandlungen geben einen Überblick über die verschiedenen Formen der Magie und ihre Herkunft aus neuplatonischen und hermetisch-esoterischen Traditionen. Wie auch andere Denker der Renaissance versucht er Magie philosophisch zu begründen. Die häufig in magischen Praktiken unterstellte übersinnliche Einwirkung (auf Menschen, Gestirne oder «Geister») erklärt er mit der Analogie aller Seinsschichten, von denen jede die Einheit oder das Ganze auf jeweils anderer Bewusstseinsstufe widerspiegelt. Das die «Fernwirkung» übertragende Medium ist die Weltseele, die alles durchdringt. Für Bruno selbst ist «natürliche Magie» weniger Wirkungs- als Erkenntnisprinzip, eine Form der Meditation und Konzentration in Richtung auf seelisch-geistige Wahrnehmung des «Einen». Anders etwa bei Campanella, der sonst mit Bruno viele Gemeinsamkeiten hat. Campanella entwickelt eine schwer nachvollziehbare «astrologische Magie», mittels derer die Gestirne in ihrer Einwirkung auf die Erde beeinflusst werden sollen. Ziel dieser Bestrebungen ist es, die irdischen Verhältnisse der kosmischen Ordnung anzugleichen und damit die Utopie vom «Sonnenstaat» zu verwirklichen.

Gleichfalls in Helmstedt wird Bruno wesentliche Teile seiner drei großen lateinischen Lehrgedichte geschrieben haben, die 1591 in Frankfurt veröffentlicht wurden.

Im Frühjahr 1590 verließ der Nolaner Helmstedt. Anfang Juli traf er in Frankfurt am Main ein, dem Zentrum des europäischen Buchhandels.

Nach einem fehlgeschlagenen Versuch, im Haus seines Verlegers Johann Wechel Unterkunft zu erhalten, nahm er Quartier im Karmeliterkloster der Stadt. Wie Bruno von dem Prior dieses Klosters eingeschätzt wurde, erfahren wir durch eine Zeugenaussage während des venetianischen Prozesses. Der Buchhändler Giacomo Bertano berichtet: «Wohl sagte mir jener Pater Prior der Karmeliter in Frankfurt, als ich ihn fragte, was besagter Giordano für ein Mann sei, er hätte ein schönes Genie und umfassende Bildung, sei ein universeller Mensch [uomo universale], aber freilich er, der Prior, glaube, dass er keine Religion habe, er fügte hinzu, er glaubt mehr zu wissen als die Apostel selbst ...»[45]

In Frankfurt gab Bruno bei Johann Wechel die Trilogie seiner lateinischen Lehrgedichte in Druck, «in der die Summe der Brunoschen Philosophie auf wechselnden Ebenen in Form von Hexametern dargestellt ist»[46]: *De triplici minimd et mensura* (Vom dreifach Kleinsten und vom Maß), *De innumerabilibus, immenso et infigurabili* (Vom Unzählbaren, Unermesslichen und Unvorstellbaren) und *De monade numero et figura* (Von der Monade, der Zahl und der Gestalt). Die Schriften nehmen einen hohen Rang innerhalb der abendländischen Philosophie ein; dies gilt insbesondere für Giordano Brunos umfangreichstes Werk *De immenso*. Akademischer Philosophie wie mathematischer Naturwissenschaft gleichermaßen fernstehend, auch als Dichtung nicht zu bezeichnen, entzieht sich die Schrift den herkömmlichen Beurteilungs- und Einordnungskriterien. *De immenso* ist der visionäre Entwurf einer als unendlich erkannten Welt, in der es nichts Totes oder Leeres gibt. Im Sommer 1591 erhält Bruno in Frankfurt von dem Buchhändler Ciotto eine briefliche Einladung des venetianischen Adligen Giovanni Mocenigo, der ihn um Unterrichtung in der Gedächtniskunst bittet und ihn auffordert, nach Venedig zu kommen. Der Nolaner nimmt die Einladung an und trifft im August 1591 in Venedig ein. Dieser Schritt Brunos ist schwer verständlich, hatte er doch einst sein Heimatland verlassen, um den Spitzeln der Inquisition zu entgehen. Er scheint die machtpolitische Konstellation im Verhältnis der Republik Venedig zum Kirchenstaat falsch eingeschätzt zu haben, hat sich offenkundig der Hoffnung hingegeben, in Venedig ungestört leben und arbeiten zu können. Auch scheint er das reaktionäre geistige Klima im Italien jener Jahre nicht in seiner Bedrohlichkeit für ihn selbst durchschaut zu haben. Sonst *wären* manche Äußerungen gegenüber Mocenigo, die in ihrer Offenheit erschreckend wirken, unverständlich. Auch die mehrfach ausgestoßenen Drohungen Mocenigos, ihn bei der Inquisition zu denunzieren, haben den Nolaner nicht zu größerer Zurückhaltung oder Vorsicht veranlasst; vielmehr hat er diese Drohungen nicht ernst genommen. Im September 1591 bewirbt sich Bruno um den freigewordenen Lehrstuhl für Mathematik an der Universität Padua. Er wird abgelehnt, und fast genau ein Jahr später erhält ein anderer den Lehrstuhl: Galileo Galilei, damals 28 Jahre alt und seit drei Jahren Professor der Mathematik in Pisa.

Monatelang pendelt Bruno zwischen Padua und Venedig hin und her, er unterrichtet Mocenigo in Venedig und deutsche Studenten in Padua, und erst im März 1592 gibt er seine Tätigkeit in Padua auf und siedelt in den Palast des Giovanni Mocenigo in Venedig über. Giovanni Mocenigo, zunehmend unzufriedener mit seinem Gast, von dem er mehr zu erfahren gedachte, als dieser willens war, ihm mitzuteilen, lässt den Nolaner gefangensetzen, als dieser seine Absicht bekundet, nach Frankfurt zurückzukehren. Dies geschieht in der Nacht vom 22. zum 23. Mai 1592; Bruno wird zunächst in eine Dachkammer und dann in ein Kellerverlies des Palastes eingesperrt. Am 23. Mai übermittelt Mocenigo dem Pater Inquisitor von Venedig sein Denunziationsschreiben, in welchem der Nolaner in ca. zwanzig Punkten der Ketzerei beschuldigt wird. Einige davon beziehen sich auf Aussagen über Jesus von Nazareth, den Bruno einen «Betrüger» und «Magier» genannt habe.[47] Am 24. Mai wird Bruno verhaftet und in das Gefängnis der Inquisition gebracht, wahrscheinlich in die berüchtigten Bleikammern. Am 25. Mai überreicht Mocenigo eine zweite Anzeige, die vom Pater Inquisitor an das Heilige Offizium weitergeleitet wird, das einen Tag später zu einer ersten Sitzung über den «Fall Bruno» zusammenkommt. Zwei Buchhändler werden als Zeugen vernommen, und am 29. Mai findet die erste Vernehmung Brunos statt. Gleichzeitig macht Mocenigo eine dritte Eingabe. Am 29. und 30. Mai gibt Bruno einen Überblick über sein Leben, und am 2. und 3. Juni wird er über seine philosophische Lehre befragt und über deren Verhältnis zu den katholischen Glaubenssätzen.

Die Lehre des Kopernikus spielt weder hier noch später in Rom eine zentrale Rolle. Bruno bekundet seine Ablehnung des Trinitätsgedankens und des personalen Gottesbegriffs. Die negativen Äußerungen über den Nazarener bestreitet er. Immer wieder gibt er zu verstehen, er sei Philosoph und habe sich als solcher zu Fragen des Glaubens niemals direkt geäußert, habe stets Theologie und Philosophie auseinandergehalten.

Vielleicht will er einfach Zeit gewinnen, sich durch formale Zugeständnisse den nötigen Freiraum zur Fortsetzung seines philosophischen Werkes verschaffen. Wir wissen darüber nichts. Am 30. Juli bricht Bruno zusammen, psychisch und physisch zermürbt; er bittet um Verzeihung für seine Irrtümer und verspricht, sein Leben zu ändern. Ein erschütternder Vorgang, wohl nur verstehbar dadurch, dass der Nolaner – wie später in Rom – gefoltert wurde.

Es kommt zu Auslieferungsverhandlungen zwischen Rom und Venedig. Die Inquisitionszentrale in Rom beansprucht den «Fürsten der Ketzer» für sich, und nach langwierigem politischem Tauziehen wird Bruno, offenkundig auch einem eigenen Wunsch entsprechend, im Februar 1593 nach Rom ausgeliefert und in das Gefängnis des Heiligen Offiziums gebracht («Engelsburg»).

Der größte Teil des sich über sieben Jahre hinziehenden römischen Prozesses liegt im Dunkeln. Aus einer im Jahre 1942 von Angelo Mercati veröffentlichten Zusammenfassung der Prozessakten lassen sich jedoch gewisse Rückschlüsse ziehen, was die Schwerpunkte der Auseinandersetzung und die Art der Reaktion der Inquisitoren auf die Argumente Brunos betrifft. Sicher ist, dass «der Kopernikanismus Brunos nicht zur Substanz der gegen ihn erhobenen Anklagen gehörte»[48].

Vielmehr standen Brunos Ablehnung des christlichen Gottesverständnisses und seine Kontakte zu Ketzern während seiner Reisen im Mittelpunkt. Auch seine Lehre vom unendlichen All und der Vielzahl der Welten «muss hier ausschließlich vom theologischen Kontext aus gesehen werden»[49].

Schließlich werden, am 14. Januar 1599, die ketzerischen Behauptungen des Nolaners in acht Hauptpunkten zusammengefasst. Am 21. Oktober 1599 erklärt Bruno, dass er nichts zu bereuen habe und keinerlei Anlass zu einem Widerruf sehe. Am 20. Januar 1600 wird eine Denkschrift des Nolaners geöffnet, «aber nicht gelesen».[50] An diesem Tag fällt die Entscheidung, ihn der «weltlichen Gewalt», also dem Gouverneur von Rom, zu übergeben. Am 8. Februar 1600 wird das Ketzerurteil gegen den Philosophen aus Nola verkündet. Nach Verlesung des Urteils richtet Bruno die folgenden Worte an die anwesenden Kardinäle: *Mit größerer Furcht verkündigt ihr vielleicht das Urteil gegen mich, als ich es entgegennehme!* [51]

Kaspar Schoppe, ein Augenzeuge der Verbrennung, schreibt in einem Brief vom 17. Februar 1600: «Heute also ist er zum Scheiterhaufen oder Brandpfahl geführt worden. Als hier dem schon Sterbenden das heilige Kruzifix vorgehalten wurde, wandte er mit verachtender Miene sein Haupt ... »[52]

Welteinheit und Erkenntnis

Zur Aufgabe der Philosophie

Die Wahrheit wird gesucht wie ein unzugängliches Ding, wie ein Gegenstand, der nicht nur unbegreiflich, sondern auch nicht zu vergegenständlichen ist, denn niemand hält es für möglich, in die Sonne zu schauen, den allerleuchtenden Apollo, in das durch seine höchste und vorzüglichste Wesensgestalt absolute Licht; wohl aber in ihren Schatten, ihre Diana, die Welt, das Universum, die Natur, die in den Dingen ist, das Licht, das in der undurchsichtigen Materie ist, jenes nämlich, das in der Finsternis leuchtet. Von den vielen also, die auf den genannten und auf noch vielen anderen Wegen in diesem wüsten Walde dahineilen, lassen sich nur ganz wenige am Quell der Diana nieder. Viele geben sich mit der Jagd auf wilde und unedle Tiere zufrieden; der größte Teil aber fängt gar nichts, denn er stellt die Netze nach dem Wind und hat schließlich nichts als Fliegen in der Hand. Selten gibt es, meine ich, einen Aktaion, dem vom Schicksal gewährt ist, Diana nackt zu schauen und dahin zu kommen, dass die schöne Liebesgestalt der Natur ihn ganz verzaubert, und der dann, durch die beiden Augen, durch die er den Glanz göttlicher Güte und Schönheit wahrgenommen, in den Hirsch verwandelt wird und fortan nicht mehr Jäger, sondern gejagtes Wild ist. Denn das letzte und endgültige Ziel dieser Jagd ist eben das, jene flüchtige und wilde Beute zu erreichen, durch die der Erbeuter selbst zur Beute, der Jäger zum gejagten Wild wird. Denn bei allen anderen Arten der Jagd, die man auf einzelne Dinge richtet, gelangt der Jäger schließlich dazu, diese anderen Dinge an sich zu reißen, indem er sie mit dem Munde der eigenen Erkenntnis erfasst; bei jener göttlichen und allumfassenden Jagd aber vollzieht sich das Fangen so, dass auch er notwendigerweise gefangen, aufgesogen und geeint wird. Dadurch wird er aus einem gewöhnlichen, durchschnittlichen und dem alltäglichen Volk angehörenden Menschen zu einem wilden

Wesen, wie ein Hirsch oder ein Bewohner der Wildnis; gleichsam göttlich lebt er in der Erhabenheit des Waldes, in den nicht durch Menschenkunst gestalteten Gemächern höhlenreicher Berge, wo er den Ursprung der großen Ströme bewundert, wo er von den gewöhnlichen Begierden unberührt und rein dahinlebt, wo die Gottheit freier umgeht ... So verschlingen die Hunde, die Gedanken göttlicher Dinge, diesen Aktaion, töten ihn für das rohe Volk und die Menge, lösen ihn aus den Verstrickungen der verwirrten Sinne, befreien ihn aus dem Leibeskerker der Materie, so dass er nun nach seiner Diana nicht mehr wie durch Ritze und Fenster zu spähen braucht, sondern die trennenden Wände niederwirft und angesichts der ganzen Weite des Horizonts ganz Auge wird. So schaut er das Ganze wie ein Einziges und sieht nicht mehr durch Unterscheidung und Zählung, wie sie sich aus der Verschiedenheit der Sinne ergibt, durch die man wie durch Ritzen nur in verworrener Weise wahrnehmen kann. Er sieht Amphitrite, den Urquell aller Zahlen, aller Arten, aller Begriffe: Sie ist die Monade, die wahre Wesenheit im Sein aller Dinge; und wenn er sie auch nicht in ihrer Wesenheit selbst, in absolutem Lichte sieht, so sieht er sie in ihren Hervorbringungen, welche ihr ähnlich, ihre Abbilder sind. Denn aus jener Monade, welche die Gottheit ist, geht diese Monade hervor, welche die Natur, das Universum, die Welt ist. In ihr schaut und spiegelt sie sich, so wie die Sonne es im Monde tut ...[53]

Die zitierten Sätze stammen aus dem erkenntnistheoretischen Dialog *Die heroischen Leidenschaften*. Philosophie als Liebe zur Weisheit wird hier in bewusster Analogie zur erotischen Liebe als Leidenschaft begriffen, als eine den ganzen Menschen erfassende und umgestaltende Kraft.

Dem Nolaner ist Philosophie alles andere als abstrakte Denkbemühung, vielmehr ein zuhöchst lebendiges, schöpferisches

Wirken in Richtung auf Angleichung des eigenen Innern an die Harmonien und göttlichen Ordnungen des Kosmos. Dies bedingt eine didaktische Form, welche sich sehr wesentlich von jener der «Schulphilosophie» unterscheidet. Ausgangspunkt der Darstellung in den *Heroischen Leidenschaften* ist die antike Sage vom Jäger Aktaion: dieser habe einst die Göttin der Jagd, Artemis (Diana), im Bade erblickt, sei von ihr daraufhin in einen Hirsch verwandelt und schließlich von seinen eigenen Hunden zerrissen worden. Für Bruno wird Aktaion zur Symbolgestalt des von der Liebe zur göttlichen Weisheit ergriffenen Philosophen.

Im Mittelpunkt des erkenntnistheoretischen Dialogs steht die Darstellung eines Erleuchtungs- oder Offenbarungserlebnisses, welches dem Nolaner nach eigenen Angaben im Alter von 30 Jahren zuteil wurde und auf das er den Umfang seiner philosophischen Erkenntnis letztlich zurückführt.

Im Anfangsstadium – so Bruno – sucht der Philosoph die göttliche Weisheit außerhalb seiner selbst, also in der Welt der Objekte, ohne sich als erkennendes Subjekt und Spiegel der Dinge zu reflektieren, ohne zu bedenken, dass er das Ziel seines Strebens in seinem eigenen Innern trägt, in den Tiefen seines Selbst. In diesem Zusammenhang finden sich Formulierungen, die erstaunlich «modern» wirken und die, aus dem Kontext herausgelöst, wichtige Elemente der Erkenntniskritik Kants und seiner Nachfolger vorwegzunehmen scheinen. So heißt es einmal, der Intellekt vermöge die Dinge der Außenwelt nur gemäß seiner eigenen Art und Beschaffenheit zu erfassen *(che l'intelletto apprende le cose intelligibilmente, idest il suo modo[54])*, nicht aber «an sich» oder in ihrem selbsteigenen Wesen. Mit Nachdruck weist Bruno immer wieder auf die Phänomenalität der

Sinneswelt hin, ihren Grundcharakter als «Erscheinung», hebt hervor, dass wir Spiegeln gleichen, auf denen sich die Dinge abbilden, dass Struktur und Form unserer sinnlich-rationalen Erkenntnisorgane die Eigenarten des gespiegelten Bildes bestimmen. Im Gegensatz zu Kant jedoch hält Bruno die Erkenntnis des «Wesens» der Dinge durchaus für möglich, jedenfalls bis hinab zu jener Schicht, in der sie als Wirkungen oder als Spur des Göttlichen begreifbar sind. Die Gottheit in ihrer «Eigentlichkeit» ist dem Menschen allerdings verborgen. Was wir wahrnehmen ist nicht Apollo (Symbolgestalt für das absolute Licht oder *die absolute Einheit), sondern Diana, der Schatten des g*öttlichen Lichts, die Natur, das Universum.

So heißt es etwa in dem Dialog *Von der Ursache, dem Prinzip und dem Einen: Bedeutet doch die höchste Erkenntnis des obersten Prinzips und der obersten Ursache, welche wir aus der Erkenntnis aller abhängigen Dinge ableiten können, gegen jenes gehalten, immer noch weniger als eine bloße Spur. Denn das All entspringt aus dem Willen oder der Güte desselben; diese ist das Prinzip seines Wirkens, und aus ihm geht die Gesamtheit aller Wirkungen hervor.*[55]

Mithin können wir von der göttlichen Substanz gar nichts wissen, sowohl weil sie unendlich, als weil sie von den Wirkungen, welche die äußerste Grenze des Gebietes unseres Verstandesvermögens darstellen, sehr weit entfernt ist; höchstens können wir von ihr nur etwas im Sinne einer Spur erkennen, wie die Platoniker, einer entfernten Wirkung, wie die Peripatetiker, einer Hülle, wie die Kabbalisten sagen; wir können ihr gleichsam von hinten nachschauen, nach dem Ausdruck der Talmudisten, oder sie im Spiegel, im Schatten, im Rätsel sehen, nach dem Ausdruck der Theosophen.[56]

Dies muss auch bei der vieldiskutierten Frage nach dem «Pantheismus» Brunos bedacht werden. Die Gesamtheit des unendlichen Universums ist ihm nur ein Abbild des Absoluten, Spur oder Schatten der Gottheit. Gott ist die Einheit auf dem Grunde der Dinge, identisch mit der Wahrheit, der Weisheit, der Schönheit. Gott ist die absolute Identität von Vermögen (potentia) und Wirklichkeit (actus).

Nun betrachte das oberste und vollkommenste Prinzip, welches alles das ist, was es sein kann. Es würde nicht alles sein, wenn es nicht alles sein könnte; in ihm sind also Wirklichkeit und Vermögen eins und dasselbe ... Das was alles ist was es sein kann, ist ein Einiges, was in seinem Sein alles Sein enthält ... Das Universum, dieses erhabene Ebenbild und Abbild, diese eingeborene Natur, ist gleichfalls alles was es sein kann, sofern die Arten und die hauptsächlichsten Glieder dieselben bleiben und es der Inbegriff aller Materie ist, zu welchem nichts hinzukommt und dem nichts von aller und jeglicher Form fehlt. Aber es ist doch nicht alles, was es sein kann, weil auch die Unterschiede, Bestimmtheiten, Eigentümlichkeiten und Individuen bleiben. Deshalb ist das Universum nur ein Schatten der Ur-Wirklichkeit und des Ur-Vermögens; und insofern ist in ihm Vermögen und Wirklichkeit nicht absolut dasselbe, weil keiner seiner Teile alles das ist, was er sein kann.[57]

Diese Aussagen hängen unmittelbar mit der zitierten Textstelle aus den *Heroischen Leidenschaften* zusammen, die nun zunächst eingeordnet werden soll.

Die Welt der sinnlichen Wahrnehmungen nennt Bruno, orphisch-pythagoreischer Tradition folgend, den *Leibeskerker der Materie,* er spricht von *den Verstrickungen der verwirrten Sinne.* Die Dinge werden mittels der Sinnesorgane nur *wie durch Ritzen* und *in verworrener Weise* wahrgenommen, eine Einengung, von welcher sich Aktaion – also der Philosoph bzw. das philosophische Erkenntnisvermögen – erst zu befreien vermag, als er, der Jäger, sich verwandelt sieht in das Objekt seiner Jagd, als ihn der jäh wahrgenommene *Glanz göttlicher Güte und Schönheit* heraushebt aus den Täuschungen und Irrtümern der Erscheinungswelt.

Über Struktur und Grenzen der sinnlichen Wahrnehmung hat Bruno sehr präzise Aussagen gemacht. Um jedoch die von ihm vorgetragenen Thesen zu begreifen und zu würdigen, muss man sich bewusst werden, dass der Begriff der «Erscheinungswelt» weiter reicht und mehr umfasst als derjenige der «Sinneswelt». Zur Erscheinungswelt gehören auch jene physikalisch erfassbaren und beschreibbaren Phänomene, die sich der unmittelbaren Sinnesempfindung entziehen. Was bereits in der «Fragestellung» angedeutet wurde, muss hier noch einmal betont werden: die Verfeinerung und Erweiterung der Sinnesorgane mittels technischer Apparaturen vermag zwar den Lichtkegel der Erscheinungen erheblich zu erweitern, erweist sich aber als prinzipiell außerstande, die «physikalische Erfahrungswelt», von der die Sinneswelt nur einen Ausschnitt darstellt, zu transzendieren oder kosmisch zu relativieren. Sicher hat Bruno die Möglichkeiten moderner Messtechnik im physikalischen Bereich nicht gekannt oder vorhergesehen, nur sind Messungen im letzten «erweiterte Sinnlichkeit», nicht etwas fundamental anderes.

Viele von Brunos Aussagen über die Sinneswelt müssen im Grunde auf den weiteren Bereich der physikalischen Erfahrungswelt übertragen werden.

Der Nolaner betrachtet die sinnliche Wahrnehmung und die Erscheinungswelt unter physikalischen, kosmologischen und

metaphysischen Aspekten. Wobei es zu den Eigenarten des Brunoschen Philosophierens gehört, die Einheit jener drei Aspekte
oder Bereiche zu denken und von dieser Einheit auszugehen.
«Natur» ist für Bruno stets lebendige Ganzheit im Sinne der Einheit des Organismus. Für ihn gibt es keine Trennung von Physik
und Metaphysik, stets spiegelt sich im Einzelphänomen die lebendige Ganzheit, die als solche bei dessen Herauslösung aus
dem metaphysisch-physikalischen Gesamtzusammenhang der
Welt verloren geht oder zerstört wird. Insofern besteht eine gewisse Parallelität zur Goetheschen Farbenlehre, obwohl Goethe
der Sinneswelt einen weit höheren Realitätscharakter zuspricht, als dies Bruno tut. «Einheit» ist für den Nolaner kein
abstrakter Begriff, wie dies in der modernen Physik und deren
Suche nach der «einheitlichen Urkraft» der Fall ist. Die moderne
Elementarteilchenphysik etwa hat die Vorstellung der «Kon-
kretheit» der beobachtbaren physikalischen Phänomene längst
aufgegeben, ja sogar – in der Quantenmechanik – physikalische
Kräfte überhaupt «völlig eliminiert» und die totale Unanschau-
lichkeit mathematischer Fiktionen an deren Stelle gesetzt.[58]

Dies sei besonders betont, da auch und gerade die moderne
Physik viel von der Einheit der Natur spricht; nur sind die Einheit der mathematischen Abstraktion und die Einheit der von
der Weltseele und vom göttlichen Geist durchwirkten Welt un-
vereinbare Gegensätze.

Die Unzulänglichkeit der sinnlichen Wahrnehmung ergibt
sich für Bruno zunächst, und darin erweist er sich als überzeug-
ter Herakliteer, aus dem unaufhörlichen und schnellen Fluss der
Wandlungen innerhalb der materiellen Welt. Sowohl die Sinnesorgane selbst als auch die Objekte ihrer Wahrnehmung verändern sich fortwährend. «Alles fließt.» Diesen zentralen Gedan-

ken des Heraklit hat Bruno in immer neuen Wendungen umschrieben. Dafür einige Beispiele: *Weder Hand noch Sinne nehmen zweimal genau gleiche Teile wahr.*[59] *Was von den Augen wahrgenommen wird ... unterliegt der ewigen Ordnung der Veränderung und des Wandels.*[60] *Nichts Veränderliches und Zusammengesetztes besteht in zwei aufeinander folgenden Augenblicken aus völlig gleichen Teilen und in derselben Ordnung der Teile, da der Ab- und Zufluss der Atome in allen Dingen dieser Art unaufhörlich ist.*[61]

Daraus folgt für Bruno, dass es in der Welt der Erscheinungen keine Gleichheit gibt. Er geht sogar so weit, zu behaupten, kein «Ding» der materiellen Welt sei jemals mit sich selbst identisch, da der schnelle Fluss der Veränderungen einen unaufhörlichen Stoffwechsel, auch im Bereich des «Anorganischen», bewirke. Man könne eine «Sache» im Grunde nicht zweimal mit demselben Namen bezeichnen. Auch seien niemals zwei verschiedene Dinge einander vollkommen gleich.

Was Bruno hier feststellt ist die unbegrenzte Mannigfaltigkeit und Verschiedenheit der Formen in der Natur. Jede Form oder Art ist absolut einmalig, unwiederholbar, mit keiner anderen deckungsgleich. *Gleichheit gibt es nur dort, wo keine Veränderung ist; die veränderlichen Dinge aber sind sich selbst und anderen in jedem Augenblick ungleich.*[62]

Aus dieser Annahme von der unendlichen Vielgestaltigkeit der Natur und ihrem unaufhörlichen Formenwandel ergeben sich weitreichende erkenntnistheoretische Konsequenzen, insbesondere hinsichtlich der Allgemeingültigkeit mathematisch formulierter Naturgesetze und hinsichtlich der Anwendung oder des Wirklichkeitsbezugs der Logik. Diese Konsequenzen zieht Bruno in vollem Umfang.

Dass Bruno den Gedanken der mathematischen Naturwissenschaft ablehnt, also den Gedanken, dass die Natur die Konkretion mathematischer bzw. geometrischer «Urbilder» sei, wurde bereits erwähnt. Die neuzeitliche Physik seit Galilei und Kepler wäre ohne diese fundamentale Prämisse von der Mathematisierbarkeit der Naturvorgänge nicht denkbar, obwohl geometrische und mathematische Fiktionen auch der von Galilei abgelehnten geozentrischen Astronomie einen beachtlichen Präzisionsgrad verliehen. Der Nolaner sieht gerade in dem Bemühen um eine mathematisch-geometrische Darstellung von Natur und Kosmos, auch bei dem von ihm hochgeschätzten Kopernikus, eine Erkenntnisbarriere, die es zu überwinden gilt. Dass Gestirnbewegungen in Annäherungen mathematisch darstellbar sind, hat Bruno nicht bestritten, nur hat er daraus keinerlei «platonische» Schlussfolgerungen gezogen. Auch benutzt er selbst, wenn es für seine Beweisführung notwendig erscheint, die Beobachtungen und Messungen der mathematischen Astronomie, spricht diesen aber, unter Hinweis auf die mathematischen Fiktionen des geozentrischen Systems, jeglichen eigenständigen Erklärungs- oder Erkenntniswert ab.

Wenn die materielle Welt, wie Bruno mit Heraklit annimmt, dem Flugsand gleicht oder einem ständig neues Wasser heranführenden Strom, dann muss die von den Sinnen registrierte Konstanz und Unveränderlichkeit der Dinge eine Täuschung sein. Dann kann es keine physikalischen Konstanten im Sinne neuzeitlicher Naturwissenschaft geben; diese müssen vielmehr Fiktionen des sich an Gleichheiten und am unwandelbaren «Sein» orientierenden Intellekts sein. Die mathematischen Grundgesetze der Natur sind nach Ansicht der maßgebenden Physiker notwendig und allgemeingültig, letztlich unveränderlich in der Zeit, unveränderlich im Raum; in ihnen sollen wandellose Weltstrukturen widergespiegelt sein. Und die Verbindung mit Platon wird gerade von der neueren theoretischen Physik immer wieder betont.

Auch die Logik, mit der Mathematik in Ursprung und Wesen eng verbunden, muss von der Annahme sich gleichbleibender Größen ausgehen. A = A ist der Grundsatz jeder Logik. Da es aber für Bruno in der gesamten materiellen Welt keine Gleichheit gibt, sondern nur unendliche Verschiedenheit, sind die Regeln der Logik auf die Ordnungen und Gesetze der Natur nicht anwendbar. In seiner Auseinandersetzung mit Aristoteles hebt der Nolaner immer wieder hervor, dieser habe eine natur- und kosmosfremde Logik zum naturphilosophischen Erkenntnisprinzip gemacht. So heißt es einmal: *Und überdies möchte ich nicht darüber entscheiden, ob auch nur alle Form von Materie begleitet ist, wie ich umgekehrt von der Materie mit aller, Sicherheit behaupte, dass kein Teil derselben gänzlich von der Form verlassen ist, man müsste sie denn in logischem Sinne verstehen, wie Aristoteles es tut, der niemals müde wird, das was in Natur und Wirklichkeit ungesondert ist, im Verstande zu sondern.*[63]

Was hier Aristoteles und seinen Nachfolgern vorgeworfen wird, ist das Prinzip der Abstraktion, geeignet, lebendige, letztlich urphänomenale Zusammenhänge zu zerschneiden, im spekulativen Denkprozess zu trennen, was untrennbar ist.

Mathematik und Logik sind für Bruno Geistesbetätigungen eigener Art; sie werden herangezogen zum Zwecke gleichnishafter oder symbolischer Verdeutlichung metaphysischer Komplexe, und hier folgt Bruno der Vorgehensweise des Cusaners, aber im Bereich der Naturphilosophie oder der philosophischen Physik wird ihnen jeder objektive Realitäts- und Wahrheitscharakter abgesprochen.

Es ist unrichtig, wenn verschiedentlich behauptet worden ist, Bruno habe mit derartigen Zurückweisungen des Erkenntnisanspruchs der Mathematik nur sein eigenes Unvermögen dokumentiert, mathematische Zusammenhänge an sich und hinsichtlich ihrer Übertragbarkeit auf die Natur zu verstehen. Was Bruno hier vorträgt ist eine präzise Grundlagenkritik der mathematischen Abstraktion im Bereich der Naturbetrachtung. Brunos Kampf gegen die Euklidische Geometrie beispielsweise, gegen den Gedanken der unendlichen Teilbarkeit einer Strecke und damit gegen den Begriff der irrationalen Zahl überhaupt mag vielen als ein Kuriosum erscheinen, nur muten manche der Bemerkungen des Nolaners seltsam prophetisch an, wenn man die destruktiven Auswirkungen der totalen Mathematisierung der Physik im 20. Jahrhundert bedenkt.

Der unaufhörlichem Stoffwechsel und Wandel unterworfene Brunosche Weltorganismus rückt auch das Phänomen «Zeit» als kosmische Bestimmungsgröße in ein anderes Licht, als dies in der mathematischen Physik der Neuzeit geschieht. Zeitangaben, etwa über das Alter der Erde oder gar des Kosmos, sind im Sinne Brunos reine Fiktionen, beruhend auf der unzulässigen Verallgemeinerung momentan beobachtbarer Phänomene, ähnlich unzulässig wie die entsprechende Extrapolation in räumliche Femen; in beiden Fällen wird nicht nur der Bezirk lebendiger Erfahrung überschritten, sondern auch der Kosmos dem Prinzip zeitund wandelloser Strukturen unterworfen, womit gleichsam das kosmische Werden zum Stillstand kommt, um eine Aussage Platons über Parmenides abzuwandeln.

In neuerer Zeit ist es der Naturphilosoph Simon Kraus (Pseudonym für Helmut Friedrich W. Krause, 1904-73), der mit

Nachdruck den Universalitätsanspruch der mathematischen Abstraktion zurückweist, der den physikalischen Konstanten einschließlich Gravitation und Licht die Lehre vom kosmischen Fließen des göttlichen «Weltenwillen» als «Grund» der Erscheinungswelt gegenüberstellt. Auf Simon Kraus wird noch mehrfach einzugehen sein, da er der einzige Philosoph des 20. Jahrhunderts ist, der sich ausdrücklich auf den Nolaner beruft und dessen kosmologische Ansätze weiterentwickelt.

Neben die «physikalische» Relativierung der Sinne durch den Fluss der materiellen Welt stellt Bruno die noch aufzuzeigende kosmologische und metaphysische Relativierung.

Hier muss zunächst die zentrale Lehre von der «Stufung» oder «Rangordnung» der Wirklichkeit und der Erkenntnis hervorgehoben werden. In dem Dialog *Vom Unendlichen, dem All und den Welten* heißt es: *Filoteo: Freilich gibt es keinen Sinn, der das Unendliche anschaue, keinen Sinn, der uns unmittelbar zwänge, darauf zu schließen; denn das Unendliche kann kein Gegenstand der Sinneswahrnehmung sein. Wer daher verlangt, dasselbe durch Vermittlung der Sinne zu erkennen, gleicht einem, der die Substanz und Wesenheit mit seinen Augen schauen will und die Existenz eines Dinges nur deshalb leugnet, weil es nicht wahrnehmbar ist; er würde folgerecht dazu kommen müssen, sein eigenes Sein, seine Wesenhaftigkeit zu verneinen. Darum ist dem Zutrauen auf das Zeugnis der Sinne ein Maß zu setzen; nur bei sinnlichen Gegenständen dürfen wir Gewicht darauf legen, und selbst hier ist es nicht ganz unverdächtig, wofern nicht der urteilende Verstand hinzutritt ... Was nun unsere Frage betrifft, so genügt es mir völlig und haben wir ein hinreichendes Zeugnis in der Sinneswahrnehmung, dass sie unsere Ansicht nicht zu widerlegen imstande ist und sogar unumwunden ihre Schwäche und Unzuläng-*

lichkeit eingesteht, sofern sie durch ihren begrenzten Gesichts-
kreis (Horizont) das bloße Scheinbild einer Endlichkeit erzeugt
und zugleich nichts besser bezeugt als seine große Unbeständig-
keit. Also wenn wir aus Erfahrung wissen, dass die Sinne uns sogar über die Oberfläche dieser Erdkugel täuschen, auf der wir uns
befinden, um wieviel mehr müssen wir Verdacht gegen sie schöp-
fen bezüglich jener Grenze, die sie uns am Sternengewölbe vor-
spiegeln. / Elpino: Wozu denn, sagt mir, sollen uns die Sinne dien-
lich sein? / Filoteo: Bloß um das Denken anzuregen, um anzukla-
gen, anzuzeigen, teilweise auch Zeugnis zu geben, keineswegs jedoch vollgültiges Zeugnis zu geben, noch weniger gar, um zu entscheiden und abzuurteilen. Denn niemals, mögen sie auch noch so
vollkommen sein, sind ihre Berichte ohne falsche Beimischungen.
Die Wahrheit also nimmt zwar, als von einem schwachen An-
fangspunkte, von der Sinneswahrnehmung zu einem ganz gerin-
gen Teile ihren Ausgang, ist aber nicht in der Sinneswahrnehmung. / Elpino: Wo ist sie denn? / Filoteo: Im sinnlichen Gegenstande wie in einem Spiegel, im Verstande in der Weise der Argumentation und Sprache (als diskursives Denken), in der Vernunft
in der Weise der Grundsätze und Schlussfolgerungen, im Geiste in
eigener und lebendiger Gestalt (nella mente in propria e viva for-
ma).[64]

Die Sinnesorgane sind nach Bruno keine kosmischen, sondern erdoberflächenverhaftete Erkenntniswerkzeuge; sie sind
ihrem Wesen nach außerstande, «Wahrheit» oder «Wirklichkeit» zu registrieren. Mit dem Auge sehen wir zwar Licht, Farbe
und Bewegung, das Wahre aber können wir mit dem Auge nicht
sehen.[65] Was sich uns in der Erscheinungswelt darstellt, ist nicht
das Wesen oder die Substanz, sondern hat nur den Charakter
von Akzidentien. Den Begriff «Akzidens» übernimmt Bruno aus

66

der philosophischen Tradition, stellt ihm die «Substanz» als Gegenbegriff gegenüber. Akzidens meint in der Tradition die Eigenschaft oder den Zustand ciner Substanz; während letztere aus sich selbst heraus existiert und in sich selbst gründet, befinden sich die Akzidentien in vollständiger Abhängigkeit von der einzig als «Sein» zu bezeichnenden Substanz, das heißt sie haben keinerlei Eigenständigkeit. Bei Bruno lässt sich Akzidens vielleicht am besten mit «Erscheinungsform» wiedergeben. Den Aristotelikern etwa, die er «Sophisten» nennt, macht der Nolaner den Vorwurf, die Substanz der Dinge außer acht zu lassen und sich lediglich mit den Akzidentien abzugeben, die doch nichts Einfaches und damit Ursprüngliches, sondern etwas Zusammengesetztes seien und folglich, wie es wörtlich heißt, *ohne Beständigkeit und Wahrheit,* stets der einstigen Auflösung in die Substanz zustrebend.[66]

Die Substanz ist das Eine, die Ur-Monade, die Ganzheit des unendlichen Raums. *Jede Erzeugung, von welcher Art sie auch sei, ist eine Veränderung, während die Substanz immer dieselbe bleibt, weil es nur eine gibt, ein göttliches unsterbliches Wesen ... Da seht ihr also, wie alle Dinge im Universum sind und das Universum in allen Dingen ist, wir in ihm, es in uns, und so alles in eine vollkommene Einheit einmündet ... Denn diese Einheit ist einzig und stetig und dauert immer; dieses Eine ist ewig; jede Gebärde, jede Gestalt, jedes andere ist Eitelkeit, ist wie nichts; ja geradezu nichts ist alles, was außer diesem Einen ist. Diejenigen Philosophen haben ihre Freundin, die Weisheit, gefunden, welche diese Einheit gefunden haben. Weisheit, Wahrheit, Einheit sind durchaus eins und dasselbe.*[67]

Nach Bruno bildet der Mensch die Dinge spiegelähnlich auf sich selbst ab. Der Mensch ist der Spiegel der Dinge; auch sind die Dinge Spiegel des Menschen, das Universum und alle Gestirne Spiegel der göttlichen Einheit, welche die Wahrheit ist. Der Spiegel wird zum Zentralsymbol der Brunoschen Erkenntnislehre. Auf die Frage des Elpino nach dem Ort der Wahrheit hebt Filoteo als erstes hervor, diese sei *im sinnlichen Gegenstande wie in einem Spiegel (come in un specchio)*. Bruno postuliert eine dreifache «Stufung» des Seins: *So hat denn die göttliche Weisheit drei Häuser, ein unerbautes, ewiges, ja den Sitz der Ewigkeit selbst; ein zweites erstgeborenes, nämlich dieses sichtbare Weltall; ein drittes nachgeborenes in der Seele des Menschen.*[68] Wenn also Bruno die menschliche Sinneswahrnehmung mit einem Spiegel vergleicht, auf dem sich die Dinge der Natur abbilden, so muss stets bedacht werden, dass die dergestalt wahrgenommene Erscheinungswelt gleichsam das Spiegelbild innerhalb eines anderen Spiegelbildes darstellt, also eine in doppelter Weise gebrochene und vermittelte «Wirklichkeit». *Denn wir sehen auch die Wirkungen nicht wirklich und nicht die wahre Gestalt der Dinge oder die Substanz der Ideen, sondern nur deren Schatten und Abbilder, wie jene, die innerhalb der Höhle sitzen und von Geburt an ihren Rücken nach dem Einfall des Lichtes und das Angesicht nach dem Hintergrunde der Höhle gerichtet halten, wo sie dann nicht das schauen, was sich wesenhaft außerhalb der Höhle befindet.*[69]

Die Höhlen-Metapher Platons wird von Bruno an verschiedenen Stellen seiner Werke herangezogen, um die Unzulänglichkeit und den Täuschungscharakter der Sinneswelt hervorzuheben. Das bedeutet jedoch keine Akzeptierung der Ideenlehre, vielmehr lehnt Bruno den platonischen Dualismus scharf ab.[70]

In der Schrift *De compositione imaginum* (Über die Zusammensetzung der Bilder) heißt es: *So nimmt also unser Intellekt sich selbst nicht an sich noch auch die Dinge an sich, also als diese selbst wahr, sondern nur gleichsam wie in einem äußerlichen Bild oder Abbild, in bloß äußerlicher Gestalt und als Zeichen.*[71] Damit ist ein weiterer erkenntnistheoretischer Aspekt angesprochen, der verblüffend modern anmutet. Der Intellekt registriert die Dinge nicht in ihrem selbsteigenen Wesen, sondern nur als Erscheinung, aber er ist auch sich selbst lediglich Erscheinung; auch der Intellekt nimmt sich selbst nur wie in einem Spiegel wahr. In diesem Sinne ist Erkenntnis für Bruno das Abbild der Dinge auf dem Spiegel des erkennenden Subjekts. Wenn jedoch das ins Bewusstsein Tretende nur spiegelartigen Abbildcharakter hat, dann ist der Intellekt wesensmäßig außerstande, die «Rückseite des Spiegels», also sich selbst als Erkenntniswerkzeug zu durchschauen oder wahrzunehmen. Hinsichtlich der visuellen Wahrnehmung weist Bruno einmal darauf hin, das Auge sei zwar geeignet, andere Dinge zu sehen, *aber es sieht nicht sich selbst*[72].

Mit diesen und analogen Aussagen in anderen Werken hat der Nolaner einen der entscheidendsten Punkte erkenntnistheoretischer Reflexion überhaupt angesprochen. Kann der Intellekt sich selbst erkennen, kann der Spiegel der Dinge «hinter» eben diesen Spiegel schauen, um sich so in seiner «eigentlichen Gestalt» wahrzunehmen? Ist das Erkenntnisorgan sich selbst ein «blinder Fleck», wie Schopenhauer einmal schreibt? Gerade die moderne Auseinandersetzung um die philosophischen Konsequenzen der Quantentheorie, innerhalb derer wichtige Gedanken der Kantschen Philosophie aktualisiert wurden, kreist um Fragen dieser Art.

Für Bruno gibt es eine Möglichkeit, aus der Relativität und dem Spiegel-Charakter des Erkenntnisvermögens herauszutreten, wenn auch nur für den Augenblick einer blitzartigen Intuition, welcher die Trennung von Subjekt und Objekt aufhebt. In diesem Augenblick verschmelzen die Dinge mit dem Spiegel, der Spiegel wird Auge, das Auge wird Spiegel. Die erkennende Seele wird selbst zum Objekt des Erkennens, wird selbst zur «Wahrheit», wird selbst zur «Einheit». Die Voraussetzung und das Wesen einer derartigen «Schau» beschreibt Bruno in vielfältigen Bildern und Symbolen. Ich verweise hier auf den zitierten Auszug aus den *Heroischen Leidenschaften.*

Zur intuitiven Wahrnehmung des Ursprünglichen bedarf es ganz bestimmter Voraussetzungen, die Bruno im einzelnen aufführt. Hier berührt er auf eine merkwürdige Weise den philosophischen Grundgedanken der altindischen Einheitslehre, wie sie in den Upanishaden dargestellt ist, aber auch des Zen-Buddhismus. In der Brahman-Lehre und im Zen geht es im letzten darum, den Einzelnen in Übereinstimmung zu bringen mit dem Absoluten, ihn auf dem Wege jahrelanger Meditationsschulung bereit zu machen für «Satori» (wie es im japanischen Zen heißt), jene nicht vermittelbare Schau des Ursprünglichen, welche die Grenzen zwischen Ich und Welt einreißt. Um das Absolute schauend zu erfahren, muss man es selbst sein! Man erkennt nur das, was man selbst ist! Dieser Gedanke findet sich auch im Werk Brunos an vielen Stellen ausgesprochen. Was den Nolaner von zen-buddhistischen Gedanken unterscheidet ist der Umstand, dass er auf diesem Wege gewonnene Erkenntnisse für prinzipiell formulierbar hält, worauf im Grunde seine ganze Philosophie beruht.

Ehe dies im einzelnen dargestellt werden kann, muss ergänzend zu den Aussagen über die Sinneswelt Brunos Lehre vom Verstand und von der Vernunft skizziert werden, wie sie in dem

Zitat aus *Vom Unendlichen* und in den Hinweisen auf die Spiegel-Funktion des Intellekts bereits angedeutet wurde. Die Stufenfolge von sinnlicher Wahrnehmung, Verstand, Vernunft und intuitiver Schau stellt Bruno einmal wie folgt dar: *Im eigentlichen Sinne wird die Erkenntnis aufgefasst als ein Vermögen zur Aneignung der erkennbaren Dinge, und dies geschieht auf vielerlei Weise. Es gibt zunächst die Sinneserkenntnis ... Es folgt der Verstand, welcher allein dem Menschen eigentümlich ist, also das Vermögen, welches aus dem durch die Sinneswahrnehmungen Erfassten und* (im Gedächtnis) *Gespeicherten etwas außerhalb der Sinneswahrnehmungen hervorbringt und erschließt, so aus den einzelnen Dingen das Allgemeine, aus dem Nacheinander eine gewisse logische Aufeinanderfolge; und diese Erkenntnis wird diskursiv genannt und ist gewissermaßen ein Ablauf, insofern als der Intellekt aus einem erkannten Ding zu einem anderen, zu erkennenden fortschreitet ... Es folgt die Vernunft, die dasjenige, was der Verstand auf diskursive Weise und mittels der Beweisführung und, wie ich auf eigene Weise sage, mittels der logischen Schlussfolgerung und des kausalen Ablaufs erfasst und begreift, durch eine gewisse einfache Intuition, ein unmittelbares Anschauen aufnimmt ... sie wird «intellectio» genannt, gleichsam eine «interna lectio», ein innerliches Lesen, und sie ist eine Art lebendiger Spiegel, zugleich sehend und die sichtbaren Dinge in sich selbst bergend ... Es folgt der Geist (mens) über aller Vernunft und rationalen Erkenntnis, welcher in einem einfachen Akt des «Schauens» ohne vorausgehendes oder begleitendes logisch-diskursives Denken und ohne Zahl und Trennung alles erfasst, einem Spiegel vergleichbar, der lebt und zugleich so vollkommen ist, dass das Licht, der Spiegel und alle Formen und Gestalten miteinander identisch sind, welche er ohne Trübung und Vereinzelung sieht und ohne*

zeitliche, der Veränderung unterworfene Aufeinanderfolge, wie
ein Haupt, welches vollständig Auge ist und überallhin in einem
Akt das Höhere und Tiefere, das Vorher und Nachher und, da es
unteilbar ist, auch das Innere und das Äußere sieht.[73]

Der Verstand ist für Bruno eine Art Ordnungs- oder Kausali-
tätssinn; er macht den Rohstoff der sinnlichen Wahrnehmungen
zur geordneten, dem Prinzip von Ursache und Wirkung unterworfenen Erfahrung. Auch hier ist fraglos ein gewisser Vorgriff
auf Kant zu registrieren, insofern der Nolaner dem Verstand
überdies das Vermögen zur Abstraktion, zur Begriffsbildung zuspricht. Es sei an die berühmte Kantsche Kennzeichnung des
Verstandes als «Vermögen der Begriffe» erinnert. Die Vernunft
ist für Bruno ein zwischen dem Verstande und dem «Geist»
(mens) stehendes Erkenntnisvermögen, letztlich das Vermögen,
in der verwirrenden Vielheit der Erscheinungen die göttliche
Einheit wahrzunehmen, was wiederum nur möglich ist, weil die
menschliche Vernunft teilhat an der das Universum erfüllenden
«Weltvernunft», dem Vermögen der Weltseele.

In diesem Zusammenhang wäre zunächst zu klären, wie sich
in Brunos Erkenntnislehre das Verhältnis von «Sein» und «Denken» darstellt und damit der Ermöglichungsgrund von Erkenntnis überhaupt. Es dürfte unbestreitbar sein, dass die Voraussetzung für die Erkennbarkeit der Natur die innere Übereinstimmung oder zumindest Analogie des Erkenntnisvermögens mit
den die Natur konstituierenden Kräften und Ordnungsformen
darstellt. Auf eine thesenhafte Kurzform gebracht, lässt sich die
hierauf bezugnehmende Prämisse Brunos wie folgt darstellen:
Die Welt ist eine Einheit, eine organisch-lebendige Ganzheit, unendlich und ewig in Raum und Zeit. Sie stellt einen stufenförmig
aufgebauten Seinszusammenhang dar, innerhalb dessen jede

Stufe die allem zugrunde liegende Einheit mehr oder weniger deutlich widerspiegelt. In jedem Teil manifestieren sich die Grundgesetze des Ganzen. – Das göttliche «Denken» ist identisch mit den Gesetzen des Universums. Die fundamentalste Emanation der Gottheit ist die oberste und erste Vernunft *(primus intellectus),* der «Logos», die metaphysische Gesetzesordnung. Diese ist eng verbunden mit der Weltseele *(anima mundi),* dem alles beseelenden Urprinzip des Universums, den unendlichen Raum erfüllend und im letzten nichts anderes als eben dieser Raum selbst. Leben und Seele sind allgegenwärtig im Kosmos, der sich wiederum aus Ur-Einheiten (Monaden) zusammensetzt, von denen keine der andern gleicht. Jede spiegelt auf jeweils andere Weise das Ganze, die lebendige Ganzheit wider. So reichen die Wurzeln der menschlichen Individualität über die Monade ins Absolute hinab (oder hinauf).

In dem Abschnitt über die Weltseele in der Schrift *Lampas triginta statuarum* (Die Fackel der 30 Statuen) heißt es: *Wenn es eine Sonne gibt und einen zusammenhängenden Spiegel, dann kann man die eine Sonne in jenem ganzen Spiegel betrachten. Wenn es nun aber geschieht, dass jener Spiegel zerschlagen wird und in unzählige Teile zersplittert, so repräsentiert doch jeder Teil das Ganze, und wir sehen in jedem Splitter das ganze, ungeteilte Bild der Sonne. In diesen Splittern aber wird wegen ihrer Kleinheit und weil sie in Unordnung geraten sind und sich vermischt haben, fast nichts mehr von der universellen Form erscheinen, die aber dennoch in ihnen enthalten ist, allerdings auf eine unentfaltete (und verborgene) Weise.*[74] Aufgabe der philosophischen Betrachtung sei es nunmehr, die Vielheit der Weltensplitter, also die unbegrenzte Mannigfaltigkeit der Lebewesen und Formen, zurückzufügen zur Einheit, zu einem Spiegel, einer Seele, einer

Form.

Die universelle Form, als Summe und Einheit aller formgebenden Prinzipien im All, ist nach Bruno identisch mit der universellen Vernunft. *Die universelle Vernunft ist das innerste, wirklichste und eigenste Vermögen und der Teil der Weltseele, der ihre Macht bildet. Sie ist ein Identisches, welches das All erfüllt, das Universum erleuchtet und die Natur unterweist, ihre Gattungen, so wie.sie sein sollen, hervorzubringen. Sie verhält sich demnach zur Hervorbringung der Dinge in der Natur, wie unsere Vernunft sich zur entsprechenden Hervorbringung der sinnvollen Gestalten verhält. Sie wird von den Pythagoreern der Beweger und Erreger des Universums genannt ... Von den Platonikern wird sie der Weltbaumeister genannt. Dieser Baumeister, sagen sie, tritt aus der höheren Welt, welche völlig eins ist, in diese sinnliche Welt hinüber, welche in die Vielheit zerfallen ist, wo wegen der Trennung der Teile nicht nur die Freundschaft, sondern auch die Feindschaft herrscht. Diese Vernunft bringt alles hervor, indem sie, selbst sich ruhig und unbeweglich erhaltend, etwas von dem ihrigen in die Materie eingießt und ihr zuteilt ... Wir nennen sie den inneren Künstler, weil sie die Materie formt und von innen heraus gestaltet.*[75] Wichtig ist hier, wie auch hinsichtlich der Einzelseele, dass für Bruno «Seele» und «Geist» nichts grundsätzlich Verschiedenes darstellen, vielmehr ist der Geist, als Erkenntnisvermögen, eine Funktion der Seele, des organisierenden, belebenden Prinzips alles Körperlichen.

Der Zusammenhang der individuellen Vernunft mit der universellen Vernunft findet sich wie folgt dargestellt: *Zuerst also merkt euch, dass es eine und dieselbe Stufenleiter ist, auf welcher die Natur zur Hervorbringung der Dinge herabsteigt und auf welcher die Vernunft zur Erkenntnis derselben emporsteigt: beide ge-*

hen von der Einheit aus zur Einheit hin, indem sie durch die Vielfalt der Mittelglieder sich hindurchbewegen.[76] Das heißt, die menschliche Vernunft erweist sich nur deshalb als zur Naturerkenntnis geeignet, weil sie jene Einheit als ihr Wesen in sich trägt, welche auch den Gestalten der natürlichen Welt als formgebendes Prinzip zugrunde liegt. Zurück zu dem oben gebrachten Bild vom zersplitterten Weltenspiegel, an welchem sich die Monadenlehre des Nolaners vielleicht am anschaulichsten verdeutlichen lässt. Im übrigen ist durch dieses Bild zugleich das Prinzip der Individuation umschrieben, also die Antwort auf die Frage, wie die Mannigfaltigkeit und Vielheit einer Welt zu erklären sei, welche wesensmäßig als Einheit gedacht ist.

Es leuchtet ein, dass nur jener «Splitter» aus dem großen Spiegel der Welt die Einheit der Weltseele in reiner Form zu reflektieren in der Lage ist, welcher sich von allen Trübungen und materiellen Unzulänglichkeiten zu befreien und sich insofern dem «Absoluten» anzunähern oder anzugleichen vermochte. Nur jener Philosoph ist zur Erkenntnis des Göttlichen bzw. der Einheit befähigt, der sich und seine Unzulänglichkeit transzendiert und überwindet in Richtung auf Einklang und Übereinstimmung mit der Einheit der Weltseele und des Logos, das heißt des göttlichen Weltgesetzes.

Die Welt als Ganzes und in ihren Teilen wird von Bruno mehrfach mit der Farbenskala verglichen, die er, wie später Goethe, als das Ergebnis des Zusammenwirkens und der Vereinigung von Licht und Finsternis begreift. Das Universum in seiner unendlichen Mannigfaltigkeit repräsentiert eine unendliche Vielzahl qualitativ verschiedener Regenbogenfarben, von denen jede die Einheit des Lichts enthält und aus dieser Einheit stammt. Es kann nicht oft genug betont werden, dass es im Brunoschen Universum keine Wiederholung, keine Gleichheit gibt, sondern unendliche schöpferische Vielheit. Dies schließt jede Abstraktheit aus.

Wir nehmen unendlich viele Abbilder des Einen wahr. Jede Bewusstheit im Stufenreich der Natur geht auf eine mehr oder weniger klare Reflexion des göttlichen Lichts, der göttlichen Weltvernunft zurück. Die Einheit des *primus intellectus* (der ersten Vernunft) umfasst alle besonderen Erkenntnisvermögen sowie alles Erkennbare.

Jetzt wird auch verständlich, warum sich der Jäger Aktaion, also der Philosoph auf der Jagd nach der göttlichen Weisheit, zuletzt umwandeln muss in das Objekt und Ziel seiner Jagd. *Denn das letzte und endgültige Ziel dieser Jagd ist eben das, jene flüchtige und wilde Beute zu erreichen, durch die der Erbeuter selbst zur Beute, der Jäger zum gejagten Wild wird.* Zur wahren Erkenntnis bedarf es der Niederreißung der Schranken zwischen Subjekt und Objekt. Gleiches wird nur von Gleichem erkannt (Empedokles).

Wie für Kepler und Galilei, so ist auch für Bruno das Buch der Natur in Zahlensymbolen geschrieben. Auch für Bruno konstituiert sich die Weltharmonie, in Anlehnung an pythagoreische Vorstellungen, durch die Harmonie von Zahlen. Nur geht seine Philosophie der Zahl nicht von einem abstrakten, dem Prinzip der Logik oder der Widerspruchsfreiheit unterworfenen Gefüge aus. Die Brunoschen «Welt-Zahlen» sind vielmehr konkrete Seinseinheiten, metaphysische Urbestandteile der Welt, mittels derer (im Gegensatz zur Mathematik) kein technischer Zugriff auf die Natur möglich ist, die sich insofern also der Verwertbarkeit entziehen.

Bruno steht hier in einer Tradition, welche, ähnlich derjenigen

der mathematischen Naturwissenschaft, auf Pythagoras zurückgeht und in deren Mittelpunkt der Gedanke der durch Zahlen
und Klänge bestimmten Weltharmonie steht. Hierein gehört
auch jene pythagoreische Metaphysik der Musik, wie sie der
Neuplatoniker und Plotin-Übersetzer Marsilio Ficino (1433-99)
entwickelt hat. Ficino sieht in der Erkenntnis der durch Zahlen
bestimmten Weltharmonie, einer Harmonie des Klanges, die
Folge der inneren Klang-Angleichung der menschlichen Seele an
die Harmonien des Kosmos. Nur jene Seele vermag die göttliche
Weltharmonie zu erkennen, welche sich in seelisch-klangliche
Übereinstimmung gebracht hat mit den Klangeinheiten und
Klangstrukturen der Natur. Gedanken dieser Art, häufig als
«Zahlenmystik» abqualifiziert, haben unter anderem Cornelius
Agrippa (1486-1535) beeinflusst, mit dessen Buch «De Occulta
Philosophia» (Über die verborgene Philosophie) sich seinerseits
Bruno auseinandersetzt, vornehmlich in seiner Schrift *De mona-
de*.[77] Nach Ficino vermag die Musik den Menschen im Innersten
zu ergreifen, weil sie zurückgeht auf die seelisch-klangliche
Wurzel der menschlichen Individualität. Hier deuten sich ältes-
te Weisheitserkenntnisse von der Welt als einem durch Klänge
konstituierten Ordnungszusammenhang an, wie sie sich etwa in
Alt-China finden oder im tibetischen Buddhismus. Brunos Monadenlehre beruht auf dem Grundgedanken der Wesenseinheit
von Makrokosmos (Universum) und Mikrokosmos (Seele), wie
er sich schon bei Paracelsus findet. Von dieser Prämisse aus
werden Selbsterkenntnis und Welterkenntnis miteinander identisch.

Giordano Bruno hat den Begriff «Monade» in die Philosophie
eingeführt. In seiner Philosophie sind Monaden lebendige Ur-
Einheiten, welche die Ordnung der Natur bestimmen. Zum We-

sen dieser Einheiten gehört ihre prinzipielle Unteilbarkeit. Die Einheit, dies betont Bruno immer wieder, ist das Wesen der Zahl. *Monas est essentia numeri.*[78] Damit wird die Zahl zur Eigenschaft, zum Akzidens der Monade, der Einheit im Kleinen, welche die Einheit des Makrokosmos widerspiegelt. *Numerus est accidens monadis.*[79] *Dieses Beste, Größte, die Substanz der Substanzen, die Seinshaftigkeit, wodurch das Seiende überhaupt ist, wird unter der Bezeichnung Monade gepriesen.*[80]

Die Zahl ist nur das Symbol für die Monade, für die Einheit im Sinne lebendiger Ganzheit. In dem Brunoschen Kosmos fungieren die Monaden als lebendige Bestimmungsgrößen, als ganzzahlige und weitenschöpferische Werte. So geht Brunos Zahlbegriff vom Prinzip der Ganzzahligkeit aus, nicht aber von demjenigen der Zahl als einer abstrakten Funktion im Sinne neuzeitlicher Mathematik.

Giordano Bruno übernimmt den pythagoreischen Gedanken von der Seele als *sich bewegende Zahl*[81], der auch beim Cusaner auftaucht. Die Seele soll sich zu einer dem Göttlichen verbundenen Einheit und Ganzheit emporläutern. Seelenkontraktion bedeutet in dieser Sicht ein Zurückgehen, ein sich-Zurückziehen in die Einheit. Der Weg nach Innen zur Einheit der Seelenmonade ist nach Bruno der einzig gangbare Weg zur Erkenntnis der Weltzusammenhänge, die einzige Möglichkeit, zwar nicht die «Rückseite des Spiegels» zu sehen, wohl aber den Spiegel selbst mit dem Gespiegelten zu vereinigen. Erst wenn der Einzelne selbst zum «Lichtwesen» geworden ist, vermag er in blitzartiger Schau das göttliche Licht wahrzunehmen, ohne zu erblinden. Die Erkenntnisfähigkeit des Einzelnen ist nach Bruno wesensmäßig eine Funktion seiner seelisch-geistigen Zustandsform, abhängig vom Reinheitsgrad des Spiegels. Wer ganz dem Dunkel des Materiellen verhaftet bleibt, ist prinzipiell außerstande, echte Erkenntnisse zu erlangen. Er verbleibt im Kerker der Sinneswelt, im Bereich der Täuschungen und des Irrtums. Da der Ursprung allen Lebens die in das Dunkel der Materie hineingegossene göttliche Vernunft ist, der alle Formen und Gestalten bestimmende Logos, so bedeutet die Erkenntnis dieser Einheit des Logos die Bewusstwerdung des eigenen Ursprungs, des Ursprungs im Absoluten, in welches die Wurzeln des Selbst hinabreichen. Der dergestalt Erkennende erinnert sich seines Ursprungs: Erkenntnis wird zur Erinnerung (Er-Innerung). Hier berührt sich Bruno mit dem Anamnesis-Gedanken Platons. Auch für Platon ist jedwede Erkenntnis im letzten Rückerinnerung (Anamnesis), ein Wiederbewusstwerden des auf dem Grunde des Selbst Ruhenden, ein Wiedererkennen der vorgeburtlichen Schau der Ideenwelt.

Nur darf diese Ähnlichkeit nicht über die Verschiedenheit beider Denker hinwegtäuschen. Bruno wusste, was er Platon und den Platonikern verdankte, auch hat er diese stets gegen Aristoteles ausgespielt, nur war er sich seines eigenen Erkenntnisfortschritts gegenüber Platon durchaus bewusst. Und es fehlt nicht an scharfer Kritik. So wirft er Platon einmal vor, dieser habe *bei seinem Philosophieren mehr den eigenen Ruhm als die Wahrheit im Auge* gehabt.[82] Die Monadenlehre des Nolaners ist unvereinbar mit dem sokratischen «Begriffsrealismus» der Ideenlehre. 300 Jahre vor Nietzsche hebt Bruno die Bedeutung der vorsokratischen Philosophen hervor, weist den «Sokratismus» entschieden zurück. Platon wird im wesentlichen nur als Verfasser des «Timaios» und damit als pythagoreischer Naturphilosoph gewürdigt.

Giordano Bruno schildert, unter Verwendung neuplatonischer

Bilder und Symbole, sein Offenbarungserlebnis von 1578 wie folgt: *Sie* (d. h. die Strahlen oder Pfeile Apollons) *offenbaren die göttliche Güte, Einsicht, Schönheit und Weisheit, je nach den verschiedenen Wesensordnungen, wie sie durch leidenschaftlich Liebende aufgenommen werden. Das aber geschieht, sobald der Getroffene nicht mehr mit diamantartiger Oberfläche das eindringende Licht zurückwirft, vielmehr, durch die Glut und Helligkeit aufgeweicht und bezwungen, in seinem ganzen Wesen lichtartig wird, er selbst gleichsam Licht, indem dieses sein Fühlen und Denken durchdringt. Das ist am Anfang, bei der Zeugung, noch nicht der Fall, wenn die Seele gerade eben berauscht aus dem Lethe und ganz durchtränkt aus den Wassern des Vergessens und der Verworrenheit hervorgeht. Da ist der Geist noch zu sehr in die Gefangenschaft des Körpers und in den Dienst des vegetativen Lebens eingeengt ... Der Begeisterte, der hier spricht, bekennt, sechs Lustren* (also 30 Jahre) *in dieser Verfassung verharrt zu haben und in ihrem Verlaufe noch nicht zu jener Reinheit der Einsicht gelangt zu sein, die ihn befähigt hätte, zur Wohnstatt der fremden Gestalten zu werden, die immer an die Tür der Vernunft pochen und sich allen in gleicher Weise darbieten. Schließlich aber ließ die Liebe, die ihn* (bis dahin) *vergeblich von verschiedenen Seiten her und zu verschiedenen Malen angegriffen hatte – ebenso wie man sagt, dass die Sonne für jene, welche im Innern der Erde im tiefen Dunkel sind, vergeblich leuchte und wärme – , sich in den geheiligten Lichtern nieder: Sie zeigte ihm durch zwei intelligible Gestalten die göttliche Schönheit. Diese band ihm nämlich durch die Sinngestalt der Wahrheit die Vernunft und erwärmte ihm durch die Sinngestalt der Güte das Gefühl; so wurde das materielle und sinnliche Begehren überwunden, das vorher triumphierte, da es trotz der Vortrefflichkeit der Seele ungebrochen blieb. Nun konn-*

ten jene Strahlen, welche vom erleuchtenden und wissenden Geist, von der Sonne der Einsicht, ausgesandt wurden, leicht durch seine Augen eingehen, und zwar die der Wahrheit durch die Pforte der erkennenden Kraft, die der Güte durch die Pforte des Begehrens ins Herz, das heißt ins Grundwesen des Gefühls ... Als er so zum erstenmal in dieser Weise erwärmt und im Geiste erleuchtet wurde, war jener siegreiche Punkt und Augenblick erreicht, von dem gesagt wird: «vicit instans» (der Augenblick siegt).[83]

Was Bruno hier umschreibt ist eine blitzartige Intuition, «die Offenbarung des Ursprünglichen im Augenblick», wie Ernesto Grassi schreibt.[84] Der von der heroischen Leidenschaft echter Philosophie Ergriffene wird gleichsam vom Pfeil des Apollo, also vom Lichtstrahl der göttlichen Einheit getroffen. Die Voraussetzung hierfür ist die Umwandlung der Seelenmonade zur harmonischen Übereinstimmung mit dem «Weltengrund». Nur eine zum «Lichtwesen» geläuterte Seele vermag das allen Dingen innewohnende Licht der Einheit zu erkennen.

Dies ist durchaus keine Mystik, wie man bei oberflächlicher Betrachtung annehmen könnte, und Bruno selbst grenzt die «Offenbarung» des Philosophen in klarer Form von derjenigen des religiösen Menschen ab. Um den bereits angedeuteten Ermöglichungsgrund derartiger «Anamnesis»-Erlebnisse noch klarer ins Bewusstsein zu ziehen, bedarf es einiger ergänzender Bemerkungen zur Monadenlehre. Die Welt als Ganzes ist für Bruno ein Kreislaufgeschehen und eine permanente Schöpfung, ohne Anfang und Ende in Raum und Zeit. Unzählige Monaden, metaphysische Grundeinheiten, ganzzahlig und unzerstörbar, spiegeln die Einheit der Weltseele wider, der Monade der Monaden. Alles ist belebt und beseelt. Der Kosmos ist ohne «toten Winkel». Die Monaden, als die eigentlichen Grundelemente der

Natur, sind gleichsam die Werkzeuge der Gottheit, mittels derer sie fortwährend neue Gestalten schafft und formt. *Die Natur ist das ewige und unteilbare Wesen (essentia), das Werkzeug der göttlichen Vorsehung, mittels der ihr innewohnenden Weisheit handelnd und wirkend.*[85] So sind die Monaden «mitschaffende Kräfte», wie Goethe einmal sagt. «Das Werden der Schöpfung ist ihnen anvertraut.»[86] Die Goethesche Aussage, in jenem Gespräch mit Johannes Falk am Begräbnistag Wielands (25. Januar 1813), nimmt zwar nicht direkt Bezug auf die Brunosche Monadenlehre, ist aber ohne diese nicht denkbar. Dass Goethe die Monade in diesem Zusammenhang *als einen* «Leibnizischen Ausdruck» bezeichnet [87], ist hier ohne Bedeutung. Wie auch immer man die vieldiskutierte Frage nach der Beeinflussung der Monadologie des Leibniz durch den Nolaner entscheiden mag, sicher ist, dass einige wesentliche Denkelemente beider Lehren übereinstimmen, so zum Beispiel dieses, dass jede der unzähligen Monaden den Kosmos als Ganzes widerspiegelt. Nur lehnt Leibniz den Brunoschen Gedanken der Weltseele und des Weltorganismus ab, auch den von Bruno vertretenen Gedanken des Formenkreislaufs der Monaden, der Wiederverkörperung der Seelen. Ja, Leibniz wird, neben Galilei, Descartes und Newton, einer der wichtigsten Vertreter und Fürsprecher des «Weltmechanismus». Die Vorstellung der Monaden als «fensterlos» im Sinne von Leibniz wäre Bruno absurd erschienen.

In dem Gespräch mit Johannes Falk finden sich folgende Sätze, deren enger Bezug zur Brunoschen Konzeption von der Erkenntnis als einem Akt der Rückerinnerung kaum gesondert betont zu werden braucht: «Die Intention einer Weltmonade kann und wird manches aus dem dunklen Schoße ihrer Erinnerung hervorbringen, das wie Weissagung aussieht und doch nur dunkle Erinnerung eines abgelaufenen Zustandes, folglich Gedächtnis ist; völlig wie das menschliche Genie die Gesetztafeln über die Entstehung des Weltalls entdeckte, nicht durch trockne Anstrengung, sondern durch einen ins Dunkel fallenden Blitz der Erinnerung, weil es bei deren Abfassung selbst zugegen war.»[88]

Diese Aussagen Goethes werden nur auf dem Hintergrund der Brunoschen Monadenlehre verständlich.

Vom Widerstreit der Gegensätze und von der Göttlichkeit der Natur

Wenn die Welt als unaufhörliches schöpferisches Geschehen aufgefasst wird, innerhalb dessen die Monaden als «mitschaffende Kräfte» das kosmische Werden und die Gestaltenformung vorantreiben, dann bleibt für den Begriff der Weltschöpfung im Sinne christlicher Gottesvorstellung kein Platz. Die Welt als unendlich-ewige Totalität war immer und wird immer sein, sie ist, wie Bruno betont, unerschaffen, nur die Einzelgestirne und die Lebewesen auf ihnen sind dem Werden und Vergehen unterworfen, zumindest in ihrer Körperlichkeit; denn auch die Monaden sind unerschaffen und ewig, unzerstörbare Bestandteile des Universums.

Ehe in diesem Zusammenhang auf die Frage eingegangen werden kann, ob die kosmische Einheitsmetaphysik des Nolaners als Pantheismus zu betrachten ist, muss ein zentraler Aspekt der Einheit bei Bruno herausgestellt werden, der bisher nur indirekt angeklungen ist, der Gedanke der «coincidentia oppositorum», des Zusammenfallens der Gegensätze. Einheit als lebendige Ganzheit, und hierin stimmt Bruno mit Heraklit und dem Cusaner überein, ist stets die Einheit der Gegensätze. Nur von dorther ist auch die Frage zu beantworten, welchen Platz das «Böse», die Zerstörung, das Chaos in der all-einen Welt einnimmt. Die Welt des unaufhörlichen schöpferischen Werdens ist nach Bruno zugleich eine solche des Kampfes und der höheren Einheit der Gegensätze. Gleich Heraklit wird ihm der Widerstreit der Gegensätze zum eigentlich weltschöpferischen Prinzip, und er betont immer wieder, dass ohne den Gegensatz nur starres Sein, aber kein lebendiges Werden möglich wäre.[89]

Das Universum oder die Natur als Ganzes repräsentiert die Koinzidenz der Gegensätze von Licht und Finsternis. Seit Urzeiten steht dem absoluten Licht der göttlichen Einheit die absolute Finsternis gegenüber, das Vakuum, das Chaos im Sinne totaler Formlosigkeit. Diese Formlosigkeit oder Finsternis ist ein notwendiger und ewiger Bestandteil der Welt, ähnlich wie die Zerstörung die Ermöglichung stets sich erneuernder Schöpfung darstellt. Den Ur-Gegensatz von Licht und Finsternis überträgt der Nolaner auch auf den Ablauf der Geschichte und entwickelt von dorther eine kosmische Geschichtsmetaphysik archaischer Art. Die Geschichte unterliegt einem zyklischen Wechsel von Epochen der Finsternis und solchen des Lichts. Bruno vergleicht die eigene Philosophie häufig mit dem klaren Licht des Tages, dem er die Lehren des Cusaners und des Kopernikus als «Morgenröte» vorausgehen lässt. Das «Neue» der eigenen Philosophie ist in gewisser Hinsicht das «Alte», die *wahre alte Philosophie,* welche noch zu vorsokratischer Zeit dominiert habe und spätestens seit Aristoteles einer Phase des Dunkels und der Unwissenheit gewichen sei ... *was notwendig im Wechsel der Dinge geschieht, dass auf eine gewisse Weise im Wechsel das Tageslicht und die Finsternis der Nacht aufeinander folgen, so wie im Kreislauf der Ideen und der Erkenntnis Wahrheit und Irrtum.*[90]

Sich selbst betrachtet der Nolaner als eine Art Lichtbringer am Ende einer langen Epoche der geistigen Dunkelheit, gleichsam auf einem Wellenkamm der Geschichte, wo der dialektische Umschlag vom Dunkel ins Helle erfolgt. Diese Gedanken einer kosmisch-zyklischen Geschichtsphilosophie sind unvereinbar mit dem neuzeitlichen, vom Christentum geprägten Fortschritts- und Geschichtsverständnis, sie erinnern vielmehr an die altindische Lehre von den Gezeiten der Geschichte. Im Buddhismus wird die Geschichte als eine Folge gewaltiger Wellenbewegungen gesehen, wobei stets am Ende einer großen Weltepoche, zum Zeitpunkt der größten Finsternis und Verderbtheit, ein Buddha, ein «Erleuchteter» als Heilsbringer auftritt.

... denn vom Ähnlichen zum Unähnlichen, von einem Gegensatz zum andern vollziehen sich kraft des Umschwungs die außerordentlichsten Veränderungen.[91]

In dem Dialog *Die Vertreibung der triumphierenden Bestie* sagt Sofia, die Weisheit: *Der Anfang, die Mitte und das Ende, die Geburt, das Wachstum und die Vollendung von allem, was wir sehen, geht von Gegensätzen durch Gegensätze zu Gegensätzen, und wo Gegensatz ist, da ist auch Wirkung und Rückwirkung, da ist Bewegung, ist Verschiedenheit, ist Mannigfaltigkeit, ist Ordnung, Stufenfolge und Fortschritt. Deshalb wird niemand, der dies wohl beherzigt, jemals wegen seines gegenwärtigen Zustandes und Verhaltens einerseits den Mut sinken lassen oder andererseits übermütig werden, wie sehr ihm auch im Vergleich zu anderen Verhältnissen und Schicksalen die seinigen gut oder böse, schlechter oder besser vorkommen. Nur deshalb bin auch ich selber mit meinem göttlichen Ideale, der Wahrheit, die so lange Zeit schon flüchtig ist, geächtet, verfolgt, unterdrückt und entstellt wird, fest überzeugt, dass gerade dieses nach Anordnung des Schicksals zu achten ist als ein Anfang meiner Rückkehr und mir Offenbarung, Erhöhung und Würdigung, die sogar um so größer sein wird, je stärker die früheren Gegensätze gewesen sind, bringen wird.*[92]

Das heißt gerade dann, wenn das Chaos und die Unwissenheit am stärksten scheinen, wenn die «Bestie triumphiert», erfolgt der dialektische Umschlag und leitet eine Phase des Lichts ein. Nur aus dieser Sicht ist der programmatische Titel *Die Vertreibung der triumphierenden Bestie* zu verstehen.

In dem Dialog *Von der Ursache, dem Prinzip und dem Einen* heißt es über die Koinzidenz der Gegensätze: *So ist denn ein Entgegengesetztes Prinzip des andern, und die Veränderungen bilden deshalb einen Kreislauf nur dadurch, dass es nur ein Substrat, ein Prinzip, ein Ziel, eine Fortentwicklung und eine Wiedervereinigung beider gibt. Das Minimum der Wärme und das Minimum der Kälte sind durchaus eins und dasselbe; von der Grenze, wo das Maximum der Wärme liegt, entspringt das Prinzip der Bewegung zur Kälte hin. Daher ist es offenbar, dass zuweilen nicht nur die beiden Maxima in dem Widerstreit und die beiden Minima in der Übereinstimmung, sondern auch das Maximum und das Minimum im Wechselspiel der Veränderung zusammentreffen ... Wer sähe nicht, dass das Prinzip des Vergehens und Entstehens nur eines ist? Ist nicht der letzte Rest des Zerstörten Prinzip des Erzeugten? Sagen wir nicht zugleich, wenn jenes aufgehoben, dies gesetzt ist: jenes war, dieses ist?* [93]

In einer als ewiges Kreislaufgeschehen und permanente Schöpfung gedachten Welt, innerhalb derer die Monaden als Spiegel der göttlichen Einheit gestaltende und das kosmische Werden vorantreibende Funktionen erfüllen, muss naturgemäß die Frage nach der «Allmacht» der Gottheit, nach dem Verhältnis von Gott und Natur eine prinzipiell andere Beantwortung erfahren, als dies im Rahmen traditioneller religiöser Vorstellungen geschieht. Bruno lehnt jede Form anthropomorpher Gottesvorstellung aufs schärfste ab. Der personale Gottesbegriff des Christentums mit der ihm inhärenten Idee vom eingeborenen Gottessohn musste ihm unnachvollziehbar, ja absurd erscheinen.

Ob Bruno als Pantheist im Sinne Spinozas anzusehen sei, ist eine seit zweihundert Jahren diskutierte Frage. In der zweiten Auflage seines Spinoza-Buches (1789) hatte Friedrich Heinrich Jacobi zum erstenmal übersetzte Auszüge aus dem Dialog *Von der Ursache* veröffentlicht und den Nolaner zum Vorläufer des

von ihm als Atheismus gekennzeichneten «Spinozismus» gemacht. Jacobi schreibt: «Schwerlich kann man einen reineren
und schöneren Umriss des Pantheismus im weitesten Verstande
geben, als ihn Bruno zog.»[94] Gerade die von Jacobi dargebotenen
Auszüge leiteten die vielleicht wichtigste Phase der Wirkungs-
geschichte des Brunoschen Denkens ein: den Beginn seines Ein-
flusses auf die deutsche Philosophie. Im Jahre 1802 erschien
Schellings Schrift «Bruno oder über das göttliche und natürliche
Prinzip der Dinge». Die gesamte Naturphilosophie Schellings
zeigt deutliche Spuren der Beeinflussung durch den Nolaner.
Dies gilt mit gewissen Einschränkungen auch für die Naturphilosophie Goethes.

Was kennzeichnet den Pantheismus Spinozas? Spinoza denkt
die «natura naturans», also die schaffende und wirkende Natur,
als identisch mit der Gottheit. Die «natura naturans» wiederum
ist das immanente Wesen aller Dinge, ihre Substanz.

Es heißt in der «Ethik»: «Alles was ist, ist in Gott, und nichts
kann ohne Gott sein noch begriffen werden.»[95]

«Gott ist nicht nur die wirkende Ursache der Existenz, sondern auch das Wesen der Dinge.»[96] Diese besondere Form der
spinozistischen «Gott-Natur», also die totale Immanenz des
Göttlichen im Universum, findet sich an vielen Stellen der Werke des Nolaners in ähnlicher Weise ausgesprochen, obwohl die
innere Affinität seiner Gottesvorstellung mit derjenigen Spinozas nicht darüber hinwegtäuschen darf, dass er ein nur schwer
auflösbares Spannungsverhältnis von göttlicher Immanenz und
Transzendenz beibehält. Das lässt sich am besten an der Gegen-
überstellung einiger Zitate verdeutlichen.

*Wie die Wahrheit nicht der Wahrheit widerstreitet und die
Güte nicht der Güte, so ist auch das Wort Gottes nicht dem Worte*

Gottes, also sich selbst entgegengesetzt, welches sich in alle Glieder der Natur ergießt. Die Natur ist die Hand und das Werkzeug Gottes, denn sie ist Gott selbst oder die göttliche Kraft, welche sich in den Dingen selbst offenbart.[97] Mit gewissen Einschränkungen werden hier also die «natura naturans» und das Wirken der Gottheit miteinander identifiziert. Das *Wort Gottes (verbum dei)* in dem Zitat bezieht sich auf die Brunosche Konzeption vom *primus intellectus,* der ersten Vernunft, welche er mit dem Logos gleichsetzt, der fundamentalsten Entfaltung des Göttlichen im All. Der Logos (das Weltgesetz) kann nur wirken über die Weltseele, den unendlichen, alleinen Raum.

In *De immenso* heißt es: *Was ist denn die Natur anderes als die göttliche Macht, welche die Materie antreibt, die allem eingepresste und ewige Ordnung?*[98]

Natura est deus in rebus. (Die Natur ist Gott in den Dingen.)[99] Wichtig ist in diesem Zusammenhang, dass Bruno die aktuale oder reale Unendlichkeit des Universums aus der Unendlichkeit, dem unendlichen schöpferischen Vermögen der Gottheit ableitet. *Gott ist das Unendliche im Unendlichen, die Allgegenwart in allem, nicht über dem Universum oder außerhalb desselben, sondern auf höchste Weise in allem anwesend, allem immanent, wie die Einheit nicht außerhalb des Seienden oder über dem Seienden und die* (schaffende) *Natur nicht außerhalb der natürlichen Dinge ist.*[100]

Der Geist über allem ist Gott. Der Geist, welcher allem innewohnt, ist die Natur.[101]

Diese Zitate dürften das angedeutete Spannungsverhältnis von «Jenseits» (Transzendenz) und «Inseits» (Immanenz) in Brunos Gottesvorstellung sinnfällig machen.

Ehe auf die Frage der Unendlichkeit des Universums eingegangen werden kann, wie sie Bruno aus seiner Grundprämisse der Einheit von «potentia activa» (schöpferisches Vermögen der Gottheit) und «potentia passiva» (geschaffenes Universum) entwickelt, müssen seine Ausführungen zum Problem der Freiheit oder Notwendigkeit des göttlichen Willens herausgestellt und eingeordnet werden.

Im Mittelalter, aber auch in späterer Zeit, ist wiederholt die Frage aufgeworfen worden, ob Gott bei der Erschaffung der Welt «frei» gewesen sei, ob er also prinzipiell in der Lage gewesen wäre, eine ganz andere Welt als die reale, eine andere Natur mit anderen Ordnungen und Gesetzen zu schaffen, als wir sie erfahren. Damit zusammen hängt die Frage, ob der Weltenschöpfer als Urheber jedweder Naturgesetzlichkeit kraft göttlicher Allmacht und göttlichen Willens die Gültigkeit der Naturgesetze aufzuheben in der Lage sei, oder ob er vielmehr an diese einmal geschaffene Ordnung gebunden sei. Fragen dieser Art – das sogenannte Kontingenzproblem, also das Problem der Zufälligkeit der Welt – gingen im scholastischen Denken zumeist mit der Annahme der «creatio ex nihilo», also der Weltschöpfung aus dem Nichts einher. – Auch in der modernen Physik wird die Frage nach der Kontingenz der Welt häufig gestellt, in der Regel jedoch ohne Bezug auf einen göttlichen Weltenschöpfer.

Giordano Bruno gibt auf die Kontingenzfrage eine klare und unmissverständliche Antwort, die sich bereits aus der bisherigen Darstellung der Einheitsmetaphysik ableiten lässt. Der Kerngedanke des Nolaners ist die totale Gleichsetzung des göttlichen Willens mit der absoluten Notwendigkeit, die wiederum mit der absoluten Freiheit identisch gesetzt wird. *Der Schöpfer kann nichts anderes schaffen, als was er schaffen will; er will nichts anderes schaffen, als was er schafft; folglich kann er nichts anderes schaffen, als was er schafft. Wer also die Unendlichkeit der Schöpfung leugnet, leugnet das Unendlichsein des schaffenden Vermögens.*[102]

... wenn das erste schaffende Prinzip nicht anders wollen kann als es will, so kann es auch nichts anderes wirken, als was es wirkt; und ich verstehe nicht, was einige damit meinen, wenn sie von einem unendlichen aktiven Vermögen reden, dem kein unendliches passives entsprechen soll, oder warum ersteres nur ein endliches hervorbringen soll, ob es gleich im grenzenlosen und unermesslichen Raume unzählige hervorbringen kann, da ja seine Tätigkeit notwendig ist, da sie von einem Willen ausgeht, der ganz unabänderlich, ja der die Notwendigkeit selber ist, weshalb hier in Wahrheit Freiheit und Notwendigkeit, Wirken und Wollen, Können und Sein ein und dasselbe sind.[103]

Bruno stellt also gleichsam der «Selbstbeschränkung Gottes» im Sinne scholastischen Denkens, aber auch des Cusaners, die «Selbsterschöpfung Gottes» (Blumenberg)[104] im und durch das Universum entgegen. Wenn Bruno hier und an vielen anderen Stellen seiner Werke die absolute Notwendigkeit des göttlichen Willens behauptet und damit der Gesetzesordnung der natürlichen Welt, so dürfen hiermit keine Kausalitätsvorstellungen nach dem Muster des mechanistischen Weltbildes verbunden werden, wie sie in dem «Weltformel»-Gedanken zum Ausdruck kommen.

Vielmehr folgt aus der von Bruno unterstellten organischen Struktur des Weltganzen, dass «Notwendigkeit» hier nicht eine mathematisch-deterministische, sondern eine zuhöchst lebendige, «innere» Notwendigkeit meint, die im letzten mit der göttlichen Gerechtigkeit identifiziert wird, welche das Werden und

Wirken der Monaden bestimmt. Auch wird in keiner Weise die Entscheidungsfreiheit des einzelnen Menschen geleugnet zugunsten einer lückenlosen Kausalordnung, worauf Bruno ausdrücklich hinweist[105]; vielmehr bezieht sich diese Notwendigkeit auf die metaphysische Gesetzesordnung des Kosmos, auf die Monaden, denen durchaus in Grenzen die Möglichkeit zugesprochen wird, sich gegen die göttliche Ordnung zu entscheiden, was den Kreislauf der Verkörperungen maßgebend bestimmt.

Giordano Brunos Konzeption von der Notwendigkeit des göttlichen Schöpfungswillens erinnert einmal mehr an Spinoza, aber auch an den Naturphilosophen Simon Kraus. In der «Ethik» Spinozas heißt es: «Die Dinge konnten auf keine andere Weise und in keiner anderen Ordnung hervorgebracht werden, als sie hervorgebracht worden sind.»[106] «Das hier vorgelegte Ergebnis intuitiver Erkenntnisse, welches den Denkergebnissen des Abendlandes diametral entgegensteht, geht auf eine Geisteshaltung zurück, die unseres Wissens im Abendland nur von einem Denker eingenommen worden ist – von Giordano Bruno.»[107] Mit diesen Sätzen leitet Simon Kraus seine Schrift über den «Baustoff der Welt» (1970) ein, und die Frage der Berechtigung einer derartigen Einordnung und Bezugnahme wird im folgenden zu untersuchen sein.

Nach Simon Kraus ist der «Baustoff der Welt», jene universelle Grundsubstanz alles Materiellen, nicht nur eine Auswirkung oder Emanation des göttlichen Schöpfungswillens, sondern eben dieser Wille der Gottheit selbst. Alles in der Erscheinungswelt wird auf Zustandsformen des «Absoluten» zurückgeführt, alles ist «Weltenwille» oder «Wille des Weltenschöpfers», was also durchaus der Brunoschen Auffassung entspricht. Simon Kraus stellt eine Art Stufenfolge des göttlichen Weltenwillens heraus: Zuoberst steht der Weltenwille in seiner reinsten Form, gleichsam im Urzustand. Physikalisch gesprochen (und Kraus geht hier von Prämissen aus, welche den Hypothesen der modernen Physik erheblich widersprechen), bedeutet dies eine Verstrahlung radialer Art aus dem Kern der Gestirne mit unendlich großer Frequenz und unendlich kleiner Wellenlänge, entstanden aus dem Materiezerfall des jeweiligen Gestirns, der im Gestirnkern einsetzt. Hier wird die Materie in ihren Schwingungsvorgängen unvorstellbar beschleunigt und ungeheurem Druck ausgesetzt, sie «reißt» schließlich und gibt den Weltenwillen frei, den Kraus auch «Raumenergie» nennt. Wir spüren diesen Vorgang in der Gravitation, der Schwerkraft. Die erste Wandlung dieses Kernverstrahlungsfeldes ist das Licht. Ist die Urverstrahlung von absoluter Durchdringungsfähigkeit und Elastizität, gleichzeitig von unvorstellbarer Dichte, so bedeutet die Wandlung zum Licht eine «Stauchung», wie Kraus sagt, eine «Auflockerung» und «Verlangsamung», verursacht durch das wuchtige Gegeneinanderwirken zweier oder mehrerer Kernzerfallfelder. Die Urverstrahlung wird zur messbaren Wellenlänge gestaucht.

Wichtig für unseren Zusammenhang ist dies: Aus der Wirkungsweise des göttlichen Willens, der stets von einem Punkt strahlenförmig ausgeht, dem jeweiligen Gestirnzentrum, also einem von unendlich vielen derartigen Punkten im All, ergibt sich die Eigenart seiner gestirnschöpferischen Funktion.

An Schnittpunkten besonders intensiver Verstrahlungsströme, also unter bestimmten kosmischen Bedingungen in Hinsicht auf das Gegeneinanderwirken der Felder, wird die Verstrahlung «aufgesplittert», verliert ihren Strahlungscharakter

im eigentlichen Sinne und wird zu dem, was sich im Mikrobe-
reich als atomare oder subatomare Welt darstellt mit dem
Merkmal unaufhörlicher Bewegung, unaufhörlicher Schwin-
gungsvorgänge, deren Eindämmung das sich bildende Kernverstrahlungsfeld besorgt. Die Wirkungsweise des göttlichen Weltenwillens lässt sich nach Kraus sehr präzise beschreiben, die
Gestirnschöpfung – jedenfalls hinsichtlich dieses einen Aspek-
tes – sinnfällig machen als das Ergebnis der Ballung um einen
Kernzerfallpunkt, der einst im Brennpunkt gewaltiger Verstrahlungsströme entstand. Dies ist ein Prozess, der niemals anfing,
der seinem Wesen nach nie enden kann und wird. Jede Gestirnschöpfung setzt bereits vorhandene Gestirne voraus, wie auch
Bruno meint, die sich verstrahlend auflösen, zunächst vom Mittelpunkt ausgehend, wodurch die Materie auf der Gestirnoberfläche mehr indirekt erfasst wird, schließlich auf alle Gestirn-
schichten übergreifend und das ganze Gestirn der vollständigen
Rückgliederung in den Urbaustoff «Weltenwille» zuführend.[108]
Diese Form des – modifizierten – «Pantheismus» steht wie keine andere der abendländischen Philosophie derjenigen des Brunoschen Denkens nahe, weist ähnlich wie diese Zusammenhänge auf zur altindischen Einheitslehre. Auch in einer Vielzahl anderer Aspekte berühren sich die naturphilosophischen Konzep-
tionen von Giordano Bruno und Simon Kraus, wie im folgenden
noch deutlich wird.

Der unendliche Raum und die Allgegenwart des Lebens

Von der kosmischen Relativität der Physik

Es genügt, zu wissen, dass es ein unermessliches Gefilde, einen zusammenhängenden Raum gibt, der alles in sich hegt und trägt,
der alles durchdringt. In demselben sind zahllose dieser Welt ähnliche Weltkörper, von denen der eine nicht mehr die Mitte des Universums ist als der andere. Denn als unendliches All ist es ohne
Zentrum und Umfang; das sind Beziehungen bloß für jeden der
einzelnen Weltkörper, die in ihm sind, in der Weise, wie ich es zu
wiederholten Malen erklärt habe, besonders da, wo wir zeigten, es
gebe bestimmte Mittelpunkte, nämlich Sonnen, Zentralfeuer, um
die alle ihre Planeten, Erden, Wasserwelten kreisen, so wie wir um
diese uns benachbarte Sonne sieben Planeten wandern sehen;
gleichermaßen haben wir gezeigt, dass jeder dieser Sterne oder
Weltkörper, indem er sich um sein eigenes Zentrum dreht, seinen
Bewohnern den Anschein einer festen stillstehenden Welt verursacht, die alle anderen Gestirne um ihr eigenes Zentrum, wie um
das Zentrum der Welt in beständigem Umschwung dreht. Hier-
nach gibt es nicht eine einzige Welt, eine einzige Erde, eine einzige Sonne, sondern soviel Welten, als wir leuchtende Funken über
uns sehen, die alle nicht mehr und nicht weniger in dem einen
Himmel, dem einen All-Umfasser sind als diese Welt, die wir be-
wohnen. Der Himmel also, das unermessliche Äthermeer, obwohl
ein Teil des unendlichen Alls, ist er doch weder eine Welt noch ein
Teil von Welten, sondern der Schoß, das Gefäß, das Gefilde, in welchem diese leben und weben, untereinander in Wechselwirkung
treten, ihre Bewohner, Menschen und Tiere zeugen und ernähren
und mit ihren bestimmten Dispositionen und Ordnungen der höheren Natur dienstbar sind, das Angesicht des Einen Seienden in
unzähligen wechselnden Trägern darstellend.[109]

Der *Anschein einer festen stillstehenden Welt* ist mit der
Struktur der sinnlichen Wahrnehmung unlösbar verbunden. Es

wurde bereits darauf hingewiesen, dass die Überwindung der geozentrischen Physik des Aristoteles, seines «naiven Realismus», der sinnlichen Erfahrung diametral entgegengesetzt ist. Galilei spricht davon, dass den Sinnen durch die Lehre des Aristarchos und des Kopernikus geradezu Gewalt angetan werde. Bruno begreift die kopernikanische Lehre als Ansatz zu einer totalen Revidierung des geozentrischen Denkens. Es wurde hervorgehoben, dass die neuzeitliche Physik diese Revision nicht zu leisten vermochte, dass sie vielmehr aristotelischen Elementen verhaftet blieb. Damit war – im Sinne Brunos – die Chance zu einer echten Relativierung der physikalischen Erfahrungswelt vertan worden. Im allgemeinen Bewusstsein ist die Überwindung des geozentrischen Systems eng verbunden mit den Erkenntnisleistungen der neuzeitlichen Physik, was nur mit allergrößten Einschränkungen zutrifft. Zwar wurde ein wesentliches, durchaus als «kosmisch» zu bezeichnendes Element in die Physik aufgenommen, eben die Lehre des Aristarchos und des Kopernikus, aber die Forschungsmethodik war nach wie vor geozentrisch ausgerichtet, die Gestirnoberfläche nach wie vor das Koordinatensystem physikalischer Forschung und Verallgemeinerung. Daran änderte die platonische Mathematik-Auffassung der Physiker prinzipiell nichts.

Der Hinweis Brunos auf die Notwendigkeit einer kosmischen Metaphysik als Grundlage für jedwede Physik dürfte dem modernen Menschen unverständlich und fremdartig anmuten, wird doch die kosmische Gültigkeit der irdischen Physik, unter anderem wegen der Genauigkeit möglicher Voraussagen, kaum ernsthaft angezweifelt. Newtons Übertragung der erdoberflächenverhafteten Mechanik auf die Planetenbewegungen wird allgemein als eine der großartigsten Denkleistungen der Neuzeit gewertet. Auch die berühmte Perihelabweichung des Planeten Merkur, welche die Unzulänglichkeit der Newtonschen Gesetze zeigte, hat die prinzipielle Gültigkeit der mechanistischen Bewegungstheorie nicht angetastet. Dies zeigt die Allgemeine Relativitätstheorie Einsteins, innerhalb derer die Newtonsche Mechanik einen Grenzfall darstellt.

Gesetzt, es gelänge der Nachweis, dass die hypothetisch unterstellten mechanischen Bewegungsprinzipien und damit die Newtonschen Axiome überhaupt im Hinblick auf die kosmischen Bewegungen einer Grundlagenrevision unterzogen werden müssten, dann bliebe auch kein Platz mehr für die Modifikationen Einsteins.

Im folgenden sollen einige zentrale Aspekte der Brunoschen Kosmologie dargestellt und eingeordnet werden. Eine detaillierte Auseinandersetzung mit den kosmologischen Axiomen des Nolaners kann im Rahmen dieser Monographie nicht oder nur in Ansätzen geleistet werden.

41 Jahre nach Erscheinen des Buches über die «Kreisbewegungen der Himmelskörper» von Kopernikus (1543) schreibt Giordano Bruno in seinem Dialog *Das Aschermittwochsmahl: Smith: Seid bitte so gut und sagt mir, was Ihr von Kopernikus haltet. / Teofilo: Er besaß einen ernsten, geschulten, tätigen und reifen Geist und ist keinem Astronomen, der vor ihm lebte, unterlegen, wenn auch Kopernikus in der zeitlichen Reihenfolge an letzter Stelle steht ... Er hat sich nämlich von einigen falschen Voraussetzungen der gemeinen Philosophie, um nicht zu sagen Blindheit, freigemacht. Doch mehr auf die Mathematik als die Natur bedacht, hat er sich nicht genügend von den falschen Voraussetzungen gelöst und konnte nicht so in die Tiefe dringen, um die abwegigen und leeren Prinzipien mit den Wurzeln auszurotten.*

Denn nur auf diese Weise wäre es ihm gelungen, alle Schwierig-
keiten vollkommen zu beseitigen und sich und andere von diesen
nutzlosen Nachforschungen zu befreien und die Betrachtung auf
die sicheren und beständigen Dinge zu lenken. Doch wer vermöch-
te trotz alledem die Großmut dieses Deutschen in vollem Maße zu
würdigen, welcher ohne Rücksicht auf die törichte Menge sich so
fest gegen den Strom der gegenteiligen Überzeugung gestellt hat?
Fast ohne neue Gründe zu besitzen, hat er jene missachteten und
verrosteten Bruchstücke, deren er aus der Antike habhaft werden
konnte, wieder aufgegriffen und durch seine mehr mathematische
als naturphilosophische Betrachtungsweise so weit aufgeputzt,
zusammengefügt und gefestigt, dass die schon lächerliche, ver-
worfene und verachtete Sache wieder zu Ehren und Ansehen ge-
langte und wahrscheinlicher wurde als ihr Gegenteil, sicherlich
aber einfacher und geeigneter für die Theorie und Berechnung
der Himmelsbewegungen.[110]

Bei aller Wertschätzung und Verehrung des Kopernikus ist
sich der Nolaner seines eigenen Fortschritts gegenüber der kopernikanischen Lehre bewusst. Ich habe in der «Fragestellung»
bereits angedeutet, dass Kopernikus wesentliche Elemente des
geozentrisch-ptolemäischen Systems beibehielt und er insofern
das naturphilosophische Erkenntnisniveau der heliozentrischen
Lehre des Aristarchos von Samos nicht zu erreichen vermochte.
Die Nachwelt, beeinflusst durch die Erfolge der mathematischen Naturwissenschaft, hat dies in der Regel anders gesehen,
hat auch dem Nolaner nicht den ihm gebührenden Platz in der
Geschichte der Astronomie zugewiesen, schon gar nicht die von
ihm vollzogene Selbsteinschätzung geteilt. Bruno schreibt über
sich selbst: *Der Nolaner hat ... den menschlichen Geist und die Er-*
kenntnis befreit, die in dem engen Kerker der irdischen Lufthülle

eingeschlossen waren und aus dem sie nur wie durch schmale Schlitze die entferntesten Sterne erblicken konnten. Dem Geist waren die Flügel gestutzt, damit er sich nicht aufschwingen und den Wolkenschleier zerreißen könne, um das zu schauen, was sich dahinter in Wahrheit befindet, und sich von den Hirngespinsten derjenigen zu befreien, die, kaum dem Schlamm und den Erdhöhlen entkommen, vom Himmel herabgestiegenen Merkuren und Apollon gleich, durch vielfältige Täuschung die ganze Welt mit unendlichen Torheiten, Roheiten und Lastern erfüllt haben, als seien es lauter Tugenden und göttliche Lehren. Sie haben dabei jenes Licht ausgelöscht, das die Geister unserer antiken Vorfahren göttlich und heroisch machte, und sie haben die finsteren Nebel der Sophisten und Esel gutgeheißen und verstärkt ... Da kam der Nolaner und hat die Lufthülle hinter sich gelassen, ist in den Himmel eingedrungen, hat die Sterne durchmessen, die Grenzen der Welt überschritten und die erdichteten Mauern der ersten, achten, neunten, zehnten und weiteren Sphären zerstört, die törichte Mathematiker und das blinde Sehen gemeiner Philosophen noch hätten hinzufügen wollen.[111]

Die letzte Aussage bezieht sich auf jene fiktiven Hohlkugeln (Sphären), welche sich im Weltbild des Aristoteles um die als Mittelpunkt des Kosmos gedachte Erde schichten und auf deren Bewegung diejenige der Planeten zurückgeführt wurde, ein System, welches dann Ptolemäus modifizierte und verfeinerte. Es wäre müßig, der Struktur dieses Systems hier im einzelnen nachzugehen, zumal das Bewusstsein des modernen Menschen von einer durch die neuzeitliche Physik geleisteten «Überwindung» dieses Weltbildes geprägt ist. Dass, wie angedeutet, diese Überwindung unvollständig blieb und niemals zu einer echten Grundlagenrevision geführt hat, soll verdeutlicht werden an einem der wichtigsten physikalischen Einwände, welche gegen das heliozentrische System erhoben wurden. Wenn sich das heimatliche Gestirn, so wurde gesagt, tatsächlich als «Wandelstern» um die Sonne bewegt, warum sind wir mittels unserer Sinnesempfindungen sowie der uns zur Verfügung stehenden physikalischen Beobachtungen außerstande, diese gleichsam jagende Fahrt zu registrieren? Anders formuliert: Wie ist der Schein der Ruhe, der Unverrückbarkeit des irdischen Standorts zu erklären, wenn eine enorme Eigenbewegung eben dieses irdischen Standorts selbst unterstellt wird? Die Eigenbewegung der Erde, so wurde gegen Kopernikus argumentiert, müsste sich auf vielfältige Weise physikalisch bemerkbar machen, beispielsweise in der Fallbewegung, also in einer der Bewegungsrichtung entsprechenden Abweichung von der Geraden beim freien Fall.

In dem Kommentar des Averroes zu der aristotelischen Schrift «De caelo» (Über den Himmel) wird zum erstenmal jenes dann von Bruno, aber auch von Galilei ausgewertete Gedankenexperiment angeführt, welches die Bewegung der Erde mit derjenigen eines Schiffs vergleicht und der Frage nachgeht, ob ein vom Schiffsmast geradlinig herabgeworfener Stein exakt am Fuße des Mastes aufkommt oder aber, beeinflusst durch das sich unter ihm weiterbewegende Schiff, an einer anderen Stelle, die sich aus der Bewegungsgeschwindigkeit des Schiffs errechnen lassen müsste. Letzteres war sinngemäß von Averroes angenommen worden. Kopernikus lässt sich auf dieses Problem nicht ein, und der englische Astronom Thomas Digges soll der erste gewesen sein, der (1576) die Auffassung vertrat, «dass ein Bleigewicht auf einem fahrenden Schiff ohne Abweichung senkrecht herunterfällt».[112]

Ob Bruno die Aussagen von Digges kannte, ist ungeklärt. Im *Aschermittwochsmahl* heißt es: *Smith: Ihr habt mich im höchsten Maße zufrieden gestellt und mir Zugang zu vielen Geheimnissen der Natur verschafft, die unter diesem Schlüssel verborgen liegen. Aus der Antwort auf den Einwand mit den Winden und Wolken ergibt sich auch die Antwort auf das andere Argument, welches Aristoteles im zweiten Buch der Schrift «Über den Himmel und die Welt» anführt, wo er sagt, es sei unmöglich, dass ein in die Höhe geworfener Stein auf derselben Linie senkrecht wieder nach unten fallen könne. Vielmehr müsste durch ihre äußerst schnelle Bewegung die Erde den Stein weit im Westen hinter sich zurücklassen. Da der Wurf aber innerhalb der Erde geschieht, müssen sich mit ihrer Bewegung notwendig alle Verhältnisse der Gradlinigkeit und Schiefe ändern; denn es besteht ein Unterschied zwischen der Bewegung des Schiffes und der Bewegung der Dinge auf dem Schiff. Wäre das nicht wahr, so würde folgen, dass auf einem fahrenden Schiff niemals jemand etwas von einer Seite geradlinig auf die andere werfen könnte, und es wäre unmöglich, dass einer einen Sprung machen und mit den Füßen dort wieder aufkommen könnte, wo er abgesprungen ist. / Teofilo: Mit der Erde also bewegen sich alle Dinge auf ihr. Ein von außen auf die Erde geworfener Gegenstand würde wegen der Bewegung der Erde die Gradlinigkeit verlieren, wie an dem Schiff AB deutlich wird, das auf dem Fluss vorbeifährt. Wenn jemand vom Punkt C am Ufer des Flusses einen Stein gerade wirft, wird er das Ziel um soviel verfehlen, wie das Schiff sich während des Wurfes weiterbewegt hat. Sitzt aber jemand auf dem Mast des besagten Schiffes, so wird sein Wurf nicht fehlgehen, wie schnell das Schiff sich auch immer bewegen mag ... Wenn von Punkt D zu Punkt E jemand auf dem Schiff einen Stein gradlinig hoch wirft, so kehrt er auf derselben Linie nach*

unten zurück, vorausgesetzt, dass es sich nicht hin- und her-
neigt.[113]

Präzise physikalische Aussagen dieser Art passen durchaus
nicht in jenes Klischee vom «Dichterphilosophen» Bruno. Es
dürfte unbestreitbar sein, dass Galilei die vorstehenden Ausführungen des Nolaners gekannt und auch bei der Ausarbeitung jener Gedanken herangezogen hat, die später von Newton zum
«Relativitätsprinzip der klassischen Mechanik» ausgebaut wurden. Dieses Prinzip geht von der Annahme der physikalischen
Gleichwertigkeit von Ruhe und gleichförmiger Bewegung aus. In
der Physik wird jedwede Richtungsänderung im weiteren Sinne
als «Beschleunigung» bezeichnet; insofern gilt die Bahnbewegung der Erde um die Sonne nicht als gleichförmige, sondern als
beschleunigte Bewegung. Dennoch kann das genannte Relativitätsprinzip auf die Erdbewegung angewandt werden, wenn man
von den unterstellten Zentrifugalkräften absieht. Das heimatliche Gestirn gilt als «quasi-ruhendes» Bezugssystem, die Bahnbewegung ist auf mechanischem Wege nicht direkt nachweisbar.
Durch den Lichtversuch von Michelson-Morley (1887) wurde
später deutlich, dass auch optische Vorgänge von der Bewegung
der Erde unbeeinflusst ablaufen, was Einstein zu seinen in der
Speziellen Relativitätstheorie formulierten Postulaten und Hypothesen führte.

Zweifellos besteht eine gewisse Parallelität zwischen Bruno
und Galilei in ihrer jeweiligen Interpretation des Schiffsbei-
spiels und dessen Übertragung auf die Bewegung der Erde. Beide versuchen die Frage zu klären, warum die physikalische Erfahrungswelt auf der Gestirnoberfläche weitgehend gleichsam
abgeschottet ist gegen die «rasende Bewegung» des heimatlichen Planeten, wie der Schein der Ruhe und der Unverrückbar-

keit, an den unsere sinnliche Erfahrung gefesselt ist, zu deuten sei. Gerade hier lässt sich die fundamentale Andersartigkeit des Physikers und des Naturphilosophen aufzeigen, die letztlich deutlich macht, dass der eine die erdoberflächengebundene Physik und Erfahrung in den Kosmos hinein extrapoliert, während der andere vorn Gedanken der kosmisch-metaphysischen Ursächlichkeit der Erscheinungswelt geleitet wird. Um die Gedanken Galileis richtig einordnen zu können, muss deren Weiterentwicklung und «Vollendung» durch Newton und die spätere Physik einbezogen werden. Analoges gilt für die Gedanken Brunos, die in der Naturphilosophie Schellings, vor allem aber in derjenigen von Simon Kraus eine schöpferische Aneignung und Weiterentwicklung erfahren haben.

Zum «Relativitätsprinzip der klassischen Mechanik» gehört neben der erwähnten Prämisse von der physikalischen Gleichwertigkeit von Ruhe und gleichförmiger Bewegung die Behauptung, dass nur Bewegungsänderung, also Beschleunigung absolut feststellbar sei. So interpretieren die Physiker beispielsweise die bekannte Tatsache der Abweichung von der Geraden beim freien Fall (nach Osten hin) mit dem Trägheitsgesetz: Ein von der Spitze eines Turmes zur Erde fallender Stein eilt gleichsam in Richtung der Erdrotation voraus, «da die Rotationsgeschwindigkeit am oberen Ende des Turmes wegen der größeren Distanz zum Erdmittelpunkt größer ist» und er diese größere Geschwindigkeit Richtung Osten, seiner Trägheit folgend, auch beim freien Fall beibehält.[114] Dass diese Erklärung durchaus nicht die einzig mögliche ist, sei hier am Rande vermerkt.[115]

Dass das Galileische Trägheitsgesetz, von Newton in die noch heute anerkannte Form gebracht, keine Erfahrungstatsache ist, vielmehr eine aus spekulativen Denkvorgängen gewonnene

Abstraktion oder Idealisierung darstellt, ist allgemein bekannt und wird auch von den Physikern selbst immer wieder betont. Weizsäcker schreibt: «Ich möchte nur darauf hinweisen, dass ja noch nie ein Mensch eine Trägheitsbewegung gesehen hat, denn alle Körper, die wir wirklich sehen, kommen einmal zur Ruhe oder werden abgelenkt durch Kräfte, und die völlig ungehinderte geradlinig-gleichförmige Bewegung ist im Grunde eine Fiktion.»[116] Die Anwendung derartiger «Fiktionen» auf die lebendigen Phänomene der Natur und des Kosmos hat Bruno mehrmals scharf zurückgewiesen. Dies wird an seiner Kritik der mathematischen Astronomie ebenso deutlich wie an seiner Auseinandersetzung mit der aristotelischen Übertragung logischer Kategorien auf die Natur. Bruno hält ein analytisch-abstraktes Verfahren der genannten Art für einen verhängnisvollen Irrweg. Der Kosmos Brunos, man muss dies immer wieder betonen, kennt keine Abstraktheit, kann folglich auch mittels mathematischer Abstraktionen niemals erfasst werden. Während die Naturwissenschaftler, ungeachtet der Revolutionierung des Denkens durch die heliozentrische Lehre, nach wie vor von der Erdoberfläche als Bezugssystem ausgehen und die auf diese Weise experimentell gewonnenen Erfahrungen in mathematisch-abstrakter Form auf den Kosmos übertragen, geht Bruno von einer anderen Grundposition aus. Sein Axiom ist die bereits angedeutete Wesensgleichheit von Mikrokosmos und Makrokosmos. Der Mensch, als verkörpertes Wesen, erlebt sich selbst als Organismus, als eine organische Ganzheit, wovon allerdings nur ein Teil dem Bewusstsein unmittelbar zugänglich ist. Diese Selbsterfahrung der lebendigen Ganzheit überträgt Bruno auf den Kosmos. Das «Ganze», welches einen derartigen Organismus hervorgebracht hat, muss selbst wesensmäßig ein Organismus sein, da kein totes, mechanistisches System in der Lage ist, etwas dem menschlichen Organismus Vergleichbares hervorzubringen. Immer wieder betont der Nolaner, dass die Gestirne Großorganismen seien, selbst wiederum Teile der organischen Struktur des ganzen Kosmos, belebt und durchwirkt von der Weltseele, gleich den auf ihrer Oberfläche zu beobachtenden Lebewesen einem vielfältigen Stoffwechsel unterworfen, einem Pulsschlag und Atemrhythmus.[117] Diese gewaltigen Organismen werden erschaffen, durchlaufen einen sehr lebendigen Entwicklungsgang (der sich der Mathematisierung entzieht) und lösen sich schließlich wieder in den «Äther» auf. Der Brunosche «Äther» ist die Grundsubstanz, welche den unendlichen Raum erfüllt und alle Dinge durchdringt, der Urstoff. Aus seinem Schoß entstehen alle Gestirne, er ist Anfang und Ende der materiellen Entwicklung.

In diesen Zusammenhang gehört Brunos Theorie der Schwere und der Bewegungsprinzipien der Gestirne, welche der Newtonschen Himmelsmechanik antipodisch entgegensteht. Dennoch gibt es bis heute unerforschte Beziehungen zwischen der Gravitationstheorie Newtons und derjenigen Giordano Brunos. So ist Bruno meines Wissens der erste Naturphilosoph, der die radiale Struktur der Schwerefelder der Gestirne hervorhebt.[118]

Der Nolaner verkündet die kosmische Relativität des Phänomens «Schwere». *Schwer und leicht ist für uns ein bloßes Verhältnis und ein Beziehungsbegriff, nicht aber etwas Absolutes und Natürliches.*[119] *Denn Schwere, wie wir gehörigen Ortes beweisen werden, ist nichts weniger als eine unveränderliche und ihrer Wirkung nach konstante Eigenschaft ... Wir werden beweisen, dass keiner der unzähligen Weltkörper, die es gibt, für sich selbst schwer oder leicht ist. Diese Eigenschaft eignet nur den Teilen, so-*

fern solche zu ihrem Ganzen und zum Orte ihrer Erhaltung stre-
ben, sie hat also keinen Sinn für das Weltall, sondern nur für die
einzelnen und vollständigen Welten.[120] *Ferner ist es eine zwingen-*
de Folgerung, dass die großen Weltkörper an sich unmöglich we-
der schwer noch leicht sein können, da das Weltall unendlich ist
und sie zu demselben keine Beziehung der Entfernung oder Nähe
haben und weder seinem Umfange noch seinem Mittelpunkte
nahe stehen können. An ihrem Orte ist daher die Erde nicht
schwerer als die Sonne an ihrem oder der Saturn an seinem und
der Polarstern an dem seinigen. Wie es sich aber mit den Teilen
der Erde verhält, die vermöge ihrer Schwere zur Erde zurückkeh-
ren – denn Schwerkraft ist eben das Bestreben der Teile zu ihrem
Ganzen, des in der Fremde Befindlichen zu seinem heimatlichen
Orte – , so verhält es sich auch mit den Teilen aller anderen Welt-
körper; wie es denn sicherlich unzählige andere Erden oder Kör-
per von ähnlicher Beschaffenheit und unzählige Sonnen oder Kör-
per von ähnlicher Beschaffenheit und unzählige Sonnen oder Zen-
tralfeuer von ähnlicher Beschaffenheit gibt.[121]

Über die Schwerefelder der Gestirne schreibt Bruno: *Der*
Raum dieser Gravitationsbeziehungen wird durch einen begrenz-
ten Halbmesser (Radius) vom Zentrum bis zum Umfang bemessen,
bei letzterem ist die Schwerkraft die geringste, in ersterem die
größte, und je nach dem Grade der Nähe zum einen oder anderen
wird sie größer oder kleiner.[122]

Die hier zitierte Aussage über die radialsymmetrische Beschaffenheit der Schwerefelder muss in Verbindung gebracht
werden mit der These Brunos von der «Schwerelosigkeit» der
Gestirne, die am besten durch einen Vergleich mit der Newtonschen Himmelsmechanik verdeutlicht werden kann. Newton begreift die Planeten als «schwere Körper», die den Masseeigen-

schaften der Trägheit bzw. des Trägheitswiderstandes unterworfen sind. Ausgehend von der Erkenntnis der Abnahme der Schwerewirkungen mit dem Quadrat der Entfernung (radiale Struktur), interpretiert Newton die Bewegung der Planeten um die Sonne sowie diejenige des Mondes um die Erde als Fallvorgang: Der Mond habe das Bestreben, gleich einem beliebigen anderen Körper im Umkreis des irdischen Schwerefeldes, zum Erdmittelpunkt hin zu «fallen», woran ihn allein seine Trägheitsbewegung hindere, diese verursache eine Fortbewegungstendenz des Mondes in Richtung der jeweiligen Kreistangente der Umlaufbahn. Newton macht also das Beharrungsvermögen bzw. die Trägheit des Mondes für die Aufrechterhaltung der angenäherten Kreisbewegung des Erdtrabanten verantwortlich. Was der Erdanziehung entgegenwirkt, so schließt er, kann nur die Trägheit des Mondes sein. Gleiches gilt für das Verhältnis von Sonne und Planeten. Auf die weiteren Schlussfolgerungen kann hier nicht eingegangen werden, und es sei auf die einschlägigen Lehrbücher verwiesen.

Nach Bruno sind die Gestirne selbst den Masseeigenschaften der Trägheit und der Schwere nicht unterworfen! Gravitation, radial vom jeweiligen Gestirnmittelpunkt ausgehend, ist nur eine relative Größe. Die Schwerewirkungen heben sich im Gestirnmittelpunkt gegenseitig auf! Damit können die Himmelskörper keinerlei mechanischen Bewegungsprinzipien unterworfen sein. Die Prinzipien der Bewegung sind vielmehr spiritueller Natur. Dass die Gestirnbewegungen dennoch mathematisch beschrieben werden können, und zwar auf der Grundlage der Newtonschen Hypothese von der Massenanziehung und der Trägheit, liefert, jedenfalls im Sinne Brunos, noch keinen endgültigen Beweis dafür, dass tatsächlich mechanische Bewegungsprinzipien die Planeten oder sonstige Trabanten bestimmen. Im übrigen sind bekanntlich «strenggenommen, die sämtlichen Newtonschen Formeln falsch» (Weizsäcker)[123], liefern bestenfalls Näherungswerte, wobei selbst im Rahmen dieser Näherungswerte die Möglichkeit vielfältiger Manipulationen mit den jeweiligen Dichtewerten der Himmelskörper besteht. Die Abweichungen der Planeten von den durch die Newtonschen Gesetze vorgeschriebenen Umlaufbahnen (etwa die erwähnte Perihelabweichung des Merkur) sind durchaus nur die Spitze des Eisbergs, das heißt jener Bereich, welcher von den Verschiebemöglichkeiten der jeweils verwendeten Skala nicht mehr abgedeckt werden konnte. Es sei hier noch einmal betont, dass auch die Allgemeine Relativitätstheorie Einsteins keine prinzipielle Revision der Newtonschen Hypothesen bedeutet.[124]

In neuerer Zeit beruft sich der Naturphilosoph Simon Kraus im Zusammenhang mit seiner eigenen Gravitationstheorie auf die Aussage des Nolaners über die «Schwerelosigkeit» der Gestirne. Wie bereits angedeutet ist Gravitation nach Kraus die Grundwirkung einer Materiezerstrahlung, eines Materiezerfalls aus dem Zentrum des jeweiligen Gestirns. In radikalem Gegensatz zu den gängigen Vorstellungen unterstellt er eine fortwährende Zunahme der Anziehungskraft mit der Annäherung zum Gestirnkern, die sich aus der radialen Struktur des Schwerefeldes ergibt. Die Materie wird seiner Meinung nach in der Nähe des Erdkerns zu unvorstellbarer Dichte zusammengepresst, schließlich «reißen» die atomaren Bindungskräfte, «Masse» verwandelt sich total in Energie, die Materie zerstrahlt, wobei die freiwerdende Verstrahlung gemäß ihrer Eigenart (wellenlos bzw. unendlich kleine Wellenlänge) eine praktisch unbegrenzte Durchdringungsfähigkeit besitzt und somit alle Materiepackungen des Gestirns durcheilen kann. Nach Simon Kraus muss Schwerkraft ständig gespeist, permanent durch Materie-Auflösung neu geschaffen werden. Es leuchtet ein, dass bei Akzeptierung dieser These alle naturwissenschaftlichen Zeitangaben revidiert werden müssten.

Auch Kraus ist der Meinung, dass sich die Gravitationswirkungen, welche aus dem radialen Feld folgen, dem verstrahlenden «Weltenwillen» oder der «Raumenergie», im Mittelpunkt des Gestirns in sich selbst aufheben, woraus die Unmöglichkeit der Anwendung mechanischer Bewegungsprinzipien für die Himmelskörper folgt. Kraus schreibt: «Alle auf der Oberfläche der Erde in Erscheinung tretenden Kräfte sind Folgen – oder Wirkungen – der gleichen Ursache: der radialen Struktur unseres Energieverstrahlungsfeldes. – Auf das ganze Gestirn bezogen, fallen diese Erscheinungen fort. Das heißt also, dass nur auf der Oberfläche des Gestirns Dinge etwas wiegen, das ganze Gestirn aber wiegt – nichts! Diese aus der radialen Struktur unseres Energiefeldes gezogenen Schlussfolgerungen decken sich vollkommen mit der Ansicht Giordano Brunos.»[125]

Im Blickfeld der Theorien von Bruno und Kraus verlieren die von den Naturwissenschaftlern herausgearbeiteten Unterschiede zwischen «Masse» und «Gewicht» ihre kosmische Bedeutung. Für beide Philosophen sind ausnahmslos alle physikalischen Größen relativer Natur; ihre Einordnung in das kosmische Gefüge ergibt sich erst nach Aufdeckung der metaphysischen Grundlagen. Für beide sind Physik und Metaphysik voneinander nicht zu trennen. Lassen wir Simon Kraus noch einmal mit einigen Aussagen zu Worte kommen, in denen ein enger Bezug zur Naturphilosophie von Giordano Bruno erkennbar wird. «Alle Gestirne, aus einem Baustoff geschaffen, der Raumenergie, zerfallen, vom Kern des Gestirns ausgehend, auch wieder in Raumenergie – und zwar der reinsten, absoluten Form. Damit ist dieser Vorgang zunächst nur in seinen Wirkungen spürbar, und die fundamentalste Wirkung ist die innerhalb der Lebenssphäre des Menschen feststellbare Anziehungskraft. Die Raumenergieverstrahlung aus dem Kern eines jeden Gestirns bildet ein Energiestrahlenfeld von radialer Struktur. Die Kernverstrahlung durchschlägt alle Materieschichten des Gestirns ungehemmt, sie ist die ‹Grundursache›, was den Weltwillen anlangt, und alle Vorgänge in der Welt der Erscheinungen stehen in voller Abhängigkeit zu ihr, vollziehen sich in ihrem Feld. Die Kernverstrahlung gehört zur Sphäre des Absoluten, zum Bereich der Ursachen im Sinne der Aussagen Giordano Brunos.»[126] Über das Licht heißt es wenig später: «Das für unsere Erde wichtigste Nachbargestirn – die Sonne – verstrahlt wie alle andern Gestirne Raumenergie in reinster Form, aus dem Kernzerfall herrührend. Aus dem Gegeneinanderwirken der Verstrahlungsfelder Sonne-Erde ergeben sich nun Zustandsänderungen der Felder, durch Stauchung eine Verlangsamung der Energie. Infolge der Dichte der Kernverstrahlung und der Wucht des Gegeneinanderwirkens der Felder werden die in absoluter Form offenbar wellenlosen Energien gestaucht und gewandelt; die Energien nehmen Wellenform an, und dabei vollzieht sich jener Vorgang, der unserem Auge als Licht erscheint ... »[127] Es folgen Ausführungen über die Schwankungen der Kernverstrahlungsintensität, die von Kraus, ganz im Sinne der Gedanken Brunos, als ein organischer Auf- und Abbau gedeutet werden. Wenig später heißt es: «Mit diesen Ausführungen ist erwiesen, dass die von dem italienischen Philosophen Giordano Bruno gemachten Erklärungen über den Charakter von Accidentien bei allen in der

Welt der Erscheinungen zutage tretenden Phänomenen durchaus zutreffen. (In seiner Schrift *Von der Ursache, dem Prinzip und dem Einen.*) Die Ursache – das Eine – ist das Kernverstrahlungsfeld unseres Gestirns, das Absolute. Das Bemerkenswerte daran ist, dass nur die Art der Verstrahlung unveränderlich ist, nicht aber deren Intensität. Dieser Umstand, dem Gesetz des Werdens und Vergehens unterworfen, führt uns dazu, das Gestirn als einen sehr lebendigen Großorganismus anzusehen.»[128]

Die Antwort, die der Nolaner und der sich auf ihn beziehende Simon Kraus auf die Frage nach dem Schein der Ruhe und der Unverrückbarkeit unseres Standorts geben, ist also nicht diejenige des Galilei-Newtonschen Trägheitsgesetzes. Da Schwerkraft für Bruno nur eine erdoberflächenverhaftete und damit relative Größe ist (wenn auch die Schwerewirkungen radial, d. h. vom jeweiligen Gestirnzentrum aus ins All strahlen), nicht aber eine dem Gestirn als Ganzes zukommende Bestimmung, bleiben die Gesetze der Mechanik in ihrem Gültigkeitsbereich auf die Bewegungen auf der Erdoberfläche (im weiten Sinne) beschränkt. Die Sterne selbst werden von nicht-mechanischen, also spirituellen «Kräften» bewegt.

Folglich kann sich die «rasende Bewegung» der Erde an sich physikalisch nicht bemerkbar machen, kann mechanisch und optisch nicht direkt nachweisbar sein. So deutet Simon Kraus die Ergebnislosigkeit des Michelson-Morley-Versuchs ganz im Sinne Brunos; er schreibt: «Unsere Darlegungen haben gezeigt, dass dem Michelson-Versuch eine falsche Voraussetzung – eine irrige Hypothese – zugrunde lag, nämlich die Hypothese vom ‹ruhenden Äther›, durch den hindurch sich unsere Erde und alle Gestirne bewegen sollten. Die Wahrheit ist, dass die Erde aus ihrem Kernzerfall jenes Absolute bildet und mit sich führt, in dem sich nun alle Vorgänge des Lichts und des Elektromagnetismus abspielen. – So wie wir selbst dank dieser Kernerstrahlung das Gefühl der Ruhe und der Stetigkeit haben, so ist jede Versuchsanordnung der vorerwähnten Art überflüssig, kann nie ein anderes Ergebnis zeitigen.»[129]

Über die Bewegung der Gestirne schreibt Bruno: *So bewegen sich auch die Erde und die anderen Gestirne ihrer verschiedenen Lage entsprechend aus dem inneren Prinzip, welches ihre eigene Seele ist.*[130] Die These von den «Gestirnseelen» als Motor der kosmischen Bewegungen findet sich auch bei Kepler, der wie Bruno die Sterne zu Großorganismen erklärt.

Simon Kraus macht das differenzierte Gegeneinanderwirken der Kernzerfallfelder der Gestirne mit den sich daraus ergebenden Minderungen der jeweiligen Gravitationswirkungen für die Bahnbewegung und Rotation der Planeten verantwortlich, wobei die Rotation des Sonnen-Energiefeldes hier eine wichtige Größe darstellt, auf welche die Planeten ihrer jeweiligen Energiefelddichte entsprechend reagieren. Etwaige Trägheits- oder Zentrifugalkräfte werden völlig eliminiert. Auch hier bezieht sich Kraus expressis verbis auf die Bewegungstheorie Brunos.

Die Brunosche Theorie von der Schwerkraft als einem der Materie innewohnenden Streben der Teile zum Ganzen des Gestirns ist zwar in der besonderen Form ihrer Ausgestaltung eine durchaus originelle Denkleistung des Nolaners, weist aber andererseits Zusammenhänge auf mit der aristotelischen und platonischen Schwerkrafttheorie. Die Scholastiker hatten sich im allgemeinen der Auffassung des Aristoteles-Kommentators Averroes angeschlossen, der die Gravitation als innere Eigenschaft der Materie begriff, welche die natürliche bzw. nicht-gewaltsame Bewegung bewirke. Aristoteles bereits hatte sich ausdrücklich gegen eine «mechanische Deutung der Schwerkraft durch äußere Kräfte, die Körper hin und her stoßen», ausgesprochen.[131] Platon wiederum hatte im «Timaios» die Auffassung vertreten, «die natürliche Bewegung eines Körpers bestehe darin, sich mit dem Element, zu dem es gehört, wieder zu vereinem,[132] Bruno stimmt mit Aristoteles insofern überein, als er einen «äußeren Bewegen, für die Schwerkraft als Ursache ebenso ausschließt wie für die natürliche Bewegung überhaupt, also auch für diejenige der Gestirne.

Der abstrakte Bewegungsbegriff der neuzeitlichen Physik, welcher Bewegung auf reine Ortsveränderung reduziert, steht der organischen Naturkonzeption des Nolaners entgegen, innerhalb derer Bewegungsvorgänge im All mit dem Prinzip des kosmischen Stoffwechsels begründet werden. *Immerhin, da das Weltall unendlich ist und alle seine Körper veränderlich sind, so strömen demzufolge alle Körper Kräfte von sich aus und atmen stets wieder andere dafür ein, schicken von ihren eignen Stoffen fort und nehmen fremde dafür in sich auf. Ich erachte es nicht für absurd und undenkbar, vielmehr für sehr denkbar und natürlich, dass jeder Gegenstand bestimmten Verwandlungen unterworfen ist und dass auch Stoffteile der Erden die ätherische Region durchstreifen und im unendlichen Raume bald auf diesen, bald auf einen andern Körper treffen.[133]*

... da jedes Ding nicht sobald sich von einem Punkte fortbewegt, als es sich auch schon in einem andern befindet und nicht sobald einer Eigenschaft entkleidet wird und eine Seinsart aufgibt, als es sich auch schon mit einer andern Eigenschaft bekleidet und eine andre Seinsart annimmt, was sich notwendig als Grundnatur der räumlichen Bewegung in der eigenschaftlichen Veränderung ergibt.[134]

Zweck dieser Bewegung ist die Erneuerung und Wiedergeburt des Erdkörpers, der nicht ewig in demselben Zustand verharren kann ... Zweckursache der räumlichen Bewegung sowohl des Ganzen als auch aller Teile ist der Wechsel.[135]

Giordano Bruno versteht also die Veränderung der Materie in ihren Eigenschaften als *Grundnatur der räumlichen Bewegung.* Überträgt man diesen Gedanken auf die astrophysikalische Forschung, so ergibt sich eine bemerkenswerte Einengung der Erkenntnismöglichkeiten im Hinblick auf den Materieaufbau anderer Himmelskörper, was im weiteren Sinne erneut mit dem Grundgedanken der kosmischen Relativität der Erscheinungswelt zusammenhängt. Auch in diesem Punkte zeigen sich eindrucksvolle Parallelen zur Kosmologie von Simon Kraus.

Im «Baustoff der Welt» heißt es: «Die volle Abhängigkeit der Materieformen von der Intensität unseres Raumenergiefeldes bedingt demnach, dass wir aus dem Weltraum niemals andere als die uns bekannten Elemente der Erde empfangen ... Sowenig also die Elemente in Meteoriten uns die Möglichkeit zu Rückschlüssen auf den materiellen Aufbau des Weltalls geben, sowenig auch die Ergebnisse der Spektralanalyse; denn alle von andern Gestirnen zu uns gelangenden Energien erfahren in unserem Feld eine Wandlung ...»[136] Die Beweisführung von Kraus kann hier nicht im einzelnen wiedergegeben werden.

Ein interessanter Hinweis Brunos auf die Komplexität der Erdbewegung wäre nachzutragen. Neben der Achsendrehung und der elliptischen Bahn um die Sonne behauptet der Nolaner zwei weitere, den beiden anderen überlagerte Bewegungsformen des heimatlichen Gestirns. *Zur Erneuerung der Zeitalter vollzieht sie* (die Erde) *drittens eine weitere Bewegung, durch die das Verhältnis, das die obere Halbkugel der Erde gegenüber dem*

All hat, der unteren zuteil werde, und diese die Stellung der obe-
ren einnehme. Zur Veränderung ihres Antlitzes und ihrer Beschaf-
fenheit kommt der Erde viertens notwendig eine weitere Bewe-
gung zu, durch welche die Lage dieses Scheitelpunktes der Erde
zum Nordpol mit der des anderen Scheitelpunktes zum gegen-
überliegenden Südpol wechselt.[137]

Die astronomischen Bezüge dieser beiden Bewegungsarten
lassen sich nicht mit letzter Sicherheit und Genauigkeit darstellen. Auf jeden Fall scheint Bruno von der Annahme auszugehen,
dass im Verlaufe langer Erdepochen die Erdachse ihre Stellung
total umkehrt, wodurch der Südpol zum Nordpol wird und umgekehrt. Die Aussagen Brunos, die er auch im einzelnen zu begründen versucht, beziehen sich im weiten Sinne auf die «Präzession», also die Verlagerung der Erdachse, und auf die «Nuta-
tion», eine Art «Nickbewegung» der Erdachse, welche als der
Präzession aufgelagert gedacht wird.[138]

Hierbei muss jedoch stets bedacht werden, dass Bruno Mathematik und Geometrie für ungeeignet hält, kosmische Bewegungsvorgänge zu erfassen. *Und bedenkt: 1. Obwohl wir sagen, es*
seien vier Bewegungen, vereinen sich doch alle in einer zusam-
mengesetzten. 2. Obwohl wir sie kreisförmig nennen, ist keine von
ihnen wirklich kreisförmig. 3. Obwohl sich schon viele bemüht ha-
ben, das wahre Gesetz dieser Bewegungen zu finden, haben sie es
vergebens getan und werden es vergebens tun; denn keine dieser
Bewegungen ist gänzlich regelmäßig und lässt sich geometrisch
darstellen.[139]

Um Brunos Lehre vom materiellen Aufbau und der Bewohnbarkeit der Gestirne verständlich zu machen, müssen noch einmal die Prämissen und Ausgangspostulate der Kosmologie des
Nolaners herausgestellt werden: Die Welt als Ganzes ist vom

göttlichen Geist durchwirkt, von der Allgegenwart der den unendlichen Raum füllenden und mit ihm letztlich identischen Weltseele. Daraus folgt die prinzipielle Gleichrangigkeit aller Teile oder Raumpunkte des Kosmos, aller Himmelskörper. Aus dem Wirken der Weltseele ergibt sich die Allgegenwart des Lebens im Kosmos. Jedwede Einheit, auf welcher Seins- und Bewusstseinsstufe auch immer, spiegelt die Ur-Einheit wider, jede Ganzheit im Sinne des Organismus die lebendige Ganzheit des Welt-Organismus. Alles ist folglich beseelt, belebt, hat Bewusstsein. Es gibt keinen essentiellen Unterschied zwischen organischer und anorganischer Natur, nur einen graduellen. Alle Formen und Arten repräsentieren Bewusstseinsstufen, die sich im Prozess des kosmischen Werdens gegen- und ineinander verschieben und angleichen. Da es im Universum keine Wiederholung gibt, sondern unendliche Mannigfaltigkeit der Formen, Farben, Bewusstseinsstrukturen, gleicht kein Gestirn dem anderen, keine Menschheit eines Sterns der anderen. Ein totes Gestirn kann es nicht geben, würde dies doch im Widerspruch stehen zur Güte und All-Weisheit der Gottheit, zur Allgegenwart der belebenden Weltseele.

Wenn unsere Sinnesorgane und die physikalische Erfahrungswelt der Gestirnoberfläche uns den Eindruck vermitteln, die Sonne und alle anderen Fixsterne seien gleichsam kosmische Öfen, das heißt von lebensfeindlicher Hitze erfüllt, so muss dies, so meint Bruno, auf einer Täuschung und Irreführung beruhen. Wenn wir, so schließt der Nolaner, die Sonne und alle anderen Sterne und Planeten als helle Scheiben bzw. als Lichtpunkte wahrnehmen, dann muss dies auch für die Erde gelten, wenn sie von außen betrachtet wird, das heißt auch der Planet Erde muss von einer bestimmten Entfernung aus als leuchtende

Scheibe oder als heller Punkt erscheinen. Wenn wir also die Sonne mittels unserer Sinnesorgane als von gleißender Helligkeit erfüllt registrieren, dann kann dies niemals bedeuten, dass auf ihr Lebensvorgänge unmöglich sind. *Wozu*, schreibt Bruno einmal hinsichtlich der Sonne, *der kunstvolle Bau eines derartigen Riesengestirns, wenn dieses unbewohnt ist? Wozu ein Gestirn mit schlechteren Bedingungen als das unsere?* [140]

Trotzdem erscheint es unsinnig, anzunehmen, irgendein Teil der Welt sei ohne Seele, ohne Leben, ohne Sinn und folglich unbelebt: es ist ausgesprochen töricht und gemein, zu glauben, es gäbe keine anderen Lebewesen, keine anderen Sinne, keine anderen Intelligenzen, als sie unseren Sinnesorganen erscheinen. [141]

Dass Bruno die Sonne für ein bewohntes Gestirn hält, mag dem Menschen unserer Tage mehr wie eine Skurrilität erscheinen, ist er doch geprägt von den hypothetischen Vorstellungen der Astronomen und Astrophysiker, die kaum ernsthaft bezweifelt werden. Die herrschende Auffassung geht von Kernverschmelzungsvorgängen im Sonneninnern aus, die nur unter unvorstellbar hohen Temperaturen ablaufen können. Auch für die Sonnenoberfläche werden ungeheure Temperaturen unterstellt. Diese Hypothesen, dies muss in aller Deutlichkeit herausgestellt werden, beruhen durchaus nicht auf physikalischer «Erfahrung», sind durchaus nicht das Ergebnis echter Erfahrungswissenschaft im Sinne Kants. Vielmehr handelt es sich durchgängig um Extrapolationen irdischer Strahlungskurven (Wien-Verschiebungsgesetz z. B.)[142], die in ihrem kosmischen Aussagewert auf «tönernen Füßen» stehen bzw. überhaupt nur im Rahmen bestimmter Prämissen Gültigkeit haben. Viele dieser Prämissen sind jedoch revisionsbedürftig, und die den Schlussfolgerungen zugrunde liegenden Messergebnisse können mit anderen Grundvoraussetzungen auch anders interpretiert werden. Dass sich beispielsweise der Kosmos ausdehnt ist eine Interpretation der Rotverschiebungen in den Spektren ferner Milchstraßensysteme, die als Doppler-Effekt gedeutet werden. Gäbe es eine andere physikalische Erklärung, verlöre die Expansionstheorie eine ihrer wesentlichen Stützen. Immer gehen die Physiker davon aus, die Welt im Großen oder als Kosmos lasse sich «auf der Grundlage unserer hier auf der Erde erworbenen Kenntnis der Natur verstehen»[143], ein Postulat, das nach Giordano Bruno und Simon Kraus in dieser Form unzutreffend ist, weil es die kosmische Relativität der Erscheinungswelt außer acht lässt. So ist nach Kraus die «Flucht der Spiralnebel» die Folge des Nachlassens der Energiefeldintensität der Erde, wodurch sich – gleichsam spiegelbildlich – die Täuschung ergeben muss, die kosmische Umwelt bewege sich mit um so größerer Geschwindigkeit von uns weg, je weiter sie von uns entfernt ist.

In einem modernen Lehrbuch der «Mechanik, Relativität, Gravitation» heißt es: «Lange wurde die Kosmologie als zu spekulativ und daher als wissenschaftlich etwas unsolide empfunden. Diese Einstellung ist jedoch ein Vorurteil. Sie ist vermutlich nur ein Rudiment der alten Auffassung, dass die irdischen Geschehnisse nicht von derselben Art sind wie die kosmischen und dass sie vor allem die Vielfalt des Kosmos nicht erahnen lassen.»[144] Das hier angesprochene Problem ist sehr viel komplexer, als es aus der Sicht der Physiker erscheint. Irdische und kosmische Geschehnisse sind weder wesensgleich noch prinzipiell voneinander verschieden, vielmehr – und dies ist die Position von Giordano Bruno und Simon Kraus – lassen sich irdische Vorgänge nur sinnvoll einordnen und letztgültig physikalisch verstehen, wenn deren kosmische Ursache aufgedeckt wird, welche im letzten metaphysischer Natur ist und sich daher der gewohnten physikalischen Forschung verschließt. Der Zugang zur «Ursache» wird nur ermöglicht durch den Gang ins eigene Selbst, in die Tiefen der eigenen Seelenmonade, dort, wo sie mit der Welt-Monade zusammenhängt. Das heißt, echte Physik ist nach Bruno nur möglich auf der Grundlage kosmischer Metaphysik.

Des Nolaners Lehre vom stofflichen Aufbau der Gestirne hängt eng zusammen mit seiner Materie- und Raumvorstellung. Mit gewissen Einschränkungen kann die Philosophie Brunos als eine «Philosophie des Raumes» bezeichnet werden, und es gibt keinen anderen Philosophen, der Weltfragen so konsequent mit jener einen Frage nach dem Wesen des Raumes und ihrer Beantwortung verbindet.

«Raum» ist für Bruno alles andere als mathematischer Anschauungsraum, alles andere als «Gefäß» oder bloße «Ausdehnung», vielmehr der schöpferische Urgrund allen Seins und Werdens. «Der unendliche Raum wird erfordert als das Vehikel der unendlichen Kraft: Und diese ist wiederum nichts anderes als ein Ausdruck des unendlichen Lebens des Universums. Diese drei Momente sind für Brunos Denken nirgends scharf geschieden: wie in der stoischen und neuplatonischen Physik, auf die er sich stützt, so fließt auch bei ihm der Begriff des Raumes mit dem des Äthers und dieser wiederum mit dem Begriff der Weltseele zusammen» (Ernst Cassirer).[145] In dem Lehrgedicht *De immenso* schreibt Bruno: *Der Äther aber ist identisch mit dem Himmel, dem Leeren, dem absoluten Raum, welcher allen Körpern innewohnt und der alle Körper in seiner Unendlichkeit erfasst.*[146]

Den Begriff des «leeren Raumes» im Sinne der antiken Atomisten lehnt Bruno scharf ab, genauso die aristotelische Gleichsetzung des Raumes mit dem «Ort» eines Körpers, so als gäbe es keine räumliche Dimensionalität außerhalb des Körpers. Aristoteles entwickelt die eigene Raumkonzeption in bewusster Abgrenzung zu Platon, der dem Raum eine durchaus eigenständige Realität zuspricht, ja ihn in gewisser Weise mit der Materie an sich identifiziert (im «Timaios»). Für Aristoteles ist «Raum» der kugelförmige Behälter aller Dinge, ihr unbewegliches Gefäß und damit ohne eigene Wirklichkeit. Außerhalb der Weltkugel ist nicht etwa «leerer Raum» und damit die Möglichkeit, Dinge aufzunehmen oder hervorzubringen, sondern einfach «nichts», kein Raum, keine Zeit – eine Vorstellung, gegen welche der Nolaner in aller Schärfe polemisiert. Zwar kann die Brunosche Argumentation hier nicht im Detail wiedergegeben werden, doch scheint mir diese gerade heute im Rahmen der Auseinandersetzung um die kosmologische Frage der Endlichkeit oder Unendlichkeit der Welt von höchster Aktualität. Und ich möchte die Behauptung aufstellen, dass die Argumente Brunos für die aktuale Unendlichkeit des Universums bis heute nicht widerlegt worden sind. Die Lehre von der «Expansion des Weltalls», dies sei noch einmal betont, und die an Einstein orientierte These von der Endlichkeit des vierdimenisonalen, gekrümmten Raumes sind alles andere als erfahrungswissenschaftlich abgesicherte Forschungsergebnisse, was auch von kritischen Physikern zunehmend mehr betont wird.[147] Simon Kraus etwa erklärt die Perihelabweichung der Planeten, die Lichtablenkung im Schwerefeld der Sonne und die «relativistische» Rotverschiebung mit seiner Grundannahme von den Kernzerfallfeldern der Gestirne und ihrem Gegeneinanderwirken, also genau jene drei Punkte, die immer wieder als Beweisfaktoren zur Stützung der Allgemeinen Relativitätstheorie herangezogen werden.

Hoimar von Ditfurth, der die Hypothesen der modernen Kosmologie popularisierend verbreitet, schreibt über Giordano Bruno:
«Das Schicksal dieses Mannes berührt uns noch heute. Es geht
eine seltsame Symbolkraft von der Tatsache aus, dass der erste
Mensch, der auf den ungeheuerlichen Gedanken kam, das Weltall, in dem wir leben, sei unendlich groß, von seinen Mit-
menschen wegen dieser Behauptung umgebracht wurde. Aber
so tragisch das Ganze auch ist ... wir dürfen uns durch unser
Mitgefühl und unsere Achtung vor der unglaublichen Standhaf-
tigkeit dieses Märtyrers der Wissenschaft nicht darüber hinwegtäuschen, dass Giordano Bruno im Unrecht gewesen ist.»[148]
Dass ich die Auffassung Ditfurths nicht teile, geht aus den obi-
gen Aussagen klar hervor. Auch das berühmte «Olbersche Para-
doxon», das Ditfurth und mit ihm viele andere immer wieder als
Beweis gegen die Unendlichkeit des Universums anführen, verliert seine Aussagekraft, wenn man «Licht» mit Simon Kraus als
sich täglich neu vollziehende Zustandsänderung des Raumenergiefeldes versteht. Der Astronom Wilhelm Olbers hatte (im Jahre 1823) mathematisch-logisch zu beweisen versucht, dass im
Falle eines unendlichen und relativ gleichförmig mit Sternen er-
füllten Weltalls es auch nachts niemals dunkel werden dürfte,
vielmehr müsste der ganze Himmel fortwährend von gleißender
Helligkeit erfüllt sein. Die Abnahme der Helligkeit der Sterne
mit dem Quadrat der Entfernung ist für Olbers kein Beweis für
die Dunkelheit der Nacht, da die Anzahl der Sterne sehr viel
schneller anwachsen müsste, als deren Helligkeit abnimmt,
nämlich mit der dritten Potenz. Natürlich geht Olbers von der
Annahme aus, dass die Sterne tatsächlich selbst Licht verstrah-
len, was bereits eine Hypothese ist, keine Erfahrung.[149]
Die von Bruno entwickelte Konzeption von der Materie oder

vom Urstoff versteht sich zunächst als bewusster Gegenentwurf zur Materievorstellung des Aristoteles. Letzterer hatte – und die Scholastik war ihm hierin gefolgt – Materie als bloße «Möglichkeit» verstanden, als ein «Beinahe-Nichts» (prope nihil), eine bloße Abstraktion ohne Realitätscharakter. Bruno schreibt dazu: *Die Ihr wollt also nicht aus euren eigenen Prinzipien, sondern auch aus denen der andern philosophischen Schulen erweisen, dass die Materie nicht jenes prope nihil, jenes reine, nackte Vermögen ohne Wirklichkeit, ohne Kraft und Energie sei. / Teo. So ist es. Sie ist nach mir, der Formen beraubt und ohne dieselben, nicht so, wie das Eis ohne Wärme, der Abgrund des Lichtes beraubt ist, sondern so, wie eine Schwangere noch ohne ihre Leibesfrucht ist, die sie erst aus sich entlassen und freigeben soll, oder wie die Erde auf dieser Halbkugel in der Nacht ohne Licht ist, es aber durch ihre Umdrehung wiederzuerlangen das Vermögen hat.*[150] Materie ist für Bruno ein unkörperliches Prinzip, der schöpferische Schoß aller Formen, die durch das Zusammenwirken mit der Weltseele entstehen, mit der universellen Vernunft.

Die Materievorstellung des Nolaners ist jedoch nicht ohne Widersprüche. Einerseits überwindet er die aristotelische Unterscheidung zwischen Stoff und Form nicht durchgängig im Sinne einer höheren Einheit, andererseits gibt es genügend Stellen in seinem Werk, in denen er Materie nach dem Vorbild Platons geradezu identifiziert mit dem Raum selbst, mit der Einheit des unendlichen schöpferischen Vermögens. Über den Raum heißt es einmal in diesem Sinne: ... *wenn er Materie ist, besitzt er auch schöpferische Qualität, aus welchem Grunde dürfen wir ihm dann die Wirklichkeit absprechen?* [151] *Wirklichkeit* meint hier soviel wie «Verwirklichung des schöpferischen Vermögens». Damit werden *dem Raum auch physikalische Qualitä*ten zugesprochen, er wird zum «Feld», und zwar ganz im Sinne der späteren Aussagen Faradays und Maxwells, welche bereits in den von Bruno beeinflussten Äthertheorien von William Gilbert (1540-1603) und Christiaan Huygens (1629-95) «vorgedacht» sind. Im Rahmen der Weltäthertheorie gibt es keine wirklichen «Fernkräfte», vielmehr wird physikalische Wirkung als «Nahewirkung» durch den Äther vermittelt, der auch von Maxwell in gewissem Sinne mit dem Raum selbst gleichgesetzt wird. Der Raum als «Feld» – dieser durchaus moderne Gedanke findet sich bereits bei Bruno klar ausgesprochen, nur verbindet er damit keinerlei abstrakt-mathematische Vorstellungen.

Christiaan Huygens hatte den Äther als einen allerfeinsten und den ganzen Raum erfüllenden Stoff gedeutet, dessen Schwingungen dem Auge als Licht erscheinen. Die von Huygens begründete (und von Newton abgelehnte) Wellentheorie des Lichts wäre ohne die auf Bruno zurückgehende Vorstellung vom Weltäther nicht zustande gekommen, und man kann unschwer nachweisen, dass sich Huygens sehr eingehend mit Brunos Naturphilosophie auseinandergesetzt hat.[152] Die Verbannung des Äthers aus der modernen Physik (seit Einstein) hat zwar in alle Lehrbücher Eingang gefunden, stößt aber unter neueren Physikern zunehmend auf Kritik, wenn auch deren Publizität gering ist im Vergleich zu der Vielzahl von positiven Darstellungen zur Relativitätstheorie, die nachgerade zum «Mythos» gediehen ist (Walter Theimer).[153]

Der Äther ist in Brunos Naturphilosophie eine den unendlichen Raum kontinuierlich füllende Weltsubstanz, die sich in einzelnen Verdichtungszentren zu Atomen zusammenballt, insofern also nicht dem Atomismus widerspricht.[154] Allerdings hat der Atomismus des Nolaners nur wenig gemein mit den entsprechenden Vorstellungen der neuzeitlichen Physik und Chemie. Atome sind für Bruno nichts «Materielles», sondern, ähnlich den Monaden, metaphysische Ureinheiten, zu denen vorzustoßen physikalische Forschung prinzipiell außerstande ist, wie Bruno ausdrücklich betont.

Denn wir kennen einen Himmel, in dem die Welten ihre Räume, Bahnen und zureichenden Entfernungen haben, der sich überall ausbreitet, alles durchdringt und umfasst, in stetigem Zusammenhang keine Leere lässt, wenn man nicht etwa ihn selbst als Leere bezeichnen will oder etwa als das Substrat des leeren Raumes; denn wenn wir den leeren Raum als ein bestehendes Ding auffassen wollen, so müssen wir schon sagen, er sei das ätherische Gefilde, das die Weltkörper enthält. Auf den siebenten Einwurf (bezogen auf die Argumente des Aristoteles gegen die Unendlichkeit der Welt) *antworten wir, dass das unendliche Weltall in Wahrheit nur Eins und ein unermessliches Kontinuum des reinen Äthers ist, gefüllt mit zahllosen Welten, die in verschiedenen Teilen desselben, wie die unsrige in dem Teile, weben und leben.*[155]

Und im *Acrotismus* bezeichnet Bruno den Äther als *spirituellen Körper (corpus spirituale)*, der entweder selbst die *erste Substanz (prima substantia)* sei oder aber jener von allen Dingen am nächsten stünde.[156]

Abschließend zur Kosmologie sei die Beweisführung Brunos zur Frage der Bewohnbarkeit aller Gestirne dargestellt. Hierbei muss primär das Prinzip oder der gedankliche Ansatz der kosmologischen Betrachtung des Nolaners gewürdigt werden, da die vorgetragenen Argumente, für sich genommen und in der Isolation betrachtet, wenig Beweiskraft haben können. Wohl aber vermag ihre schöpferische Weiterentwicklung Einsichten zu vermitteln, die weit über jene der neuzeitlichen Astrophysik und Astronomie hinausgehen, wie das Beispiel Simon Kraus deutlich zeigt, der wie Bruno die prinzipielle Bewohnbarkeit aller Gestirne herausstellt und, von seiner Prämisse der Kernverstrahlung ausgehend, in der Lage ist, die kosmischen LichtcPhänomene und andere Erscheinungen unseres Zentralgestirns, wie etwa Sonnenflecken, Protuberanzen und Korona, verblüffend neu zu deuten. Womit die herrschende Hypothese («Sonnenofen»-Theorie) ihrer wichtigsten Stützen beraubt wird. Die prinzipielle Bewohnbarkeit im Übrigen, und dies gilt auch für Bruno, bedeutet nicht, dass alle Gestirne aktual bewohnt sind, da sie Großorganismen gleichen, denen das Werden und Vergehen im Materiellen eigentümlich ist. Daraus folgt, dass die Möglichkeit zu hochgeordnetem Leben nur an eine bestimmte Phase in der Gestirnentwicklung gebunden ist und sein kann, die also beispielsweise bei den Planeten Merkur und Mars abgeschlossen ist.

Elpino: Meint Ihr, dass die feurigen Weltkörper ebenso bewohnt sind wie die wässerigen? / Filoteo: Um nichts schlechter und nichts weniger. / Elpino: Aber wie sollen tierische Körper im Feuer leben können? / Filoteo: Wallet doch nicht glauben, dass jene Körper aus ganz gleichen Teilen bestehen, so dass es gar keine Weltkörper, sondern bloße unfruchtbare und wüste Stoffmassen wären. Vielmehr ist die Annahme statthaft und natürlich, dass sie nicht minder ungleichartige Teile haben wie diese und andre Erden, obgleich letztere aus der Ferne nur als beleuchtete Wasserkörper und erstere als strahlende Flammenkörper erscheinen. / Elpino: Glaubt Ihr, dass die Grundstoffe der Sonne denen der Erde an Festigkeit und Dichte nichts nachgeben? Ich weiß freilich, dass Ihr nicht daran zweifelt, dass alles aus einer Urmaterie entstanden ist.[157]

Wie also auf diesem kalten Körper, der an und für sich kalt und dunkel ist, Lebewesen existieren, welche der Wärme und des Lichts der Sonne bedürfen, so können auch auf jenem feurigen und leuchtenden Weltkörper Wesen leben durch die von den umstehenden kalten ihnen zukommende Abkühlung; und wie dieser Weltkörper durch Teilnahme an den Wirkungen jenes in seinen ungleichartigen Teilen erwärmt wird, so wird jener durch Teilnahme am kalten Element in bestimmten Teilen abgekühlt. / Elpino: Was sagt Ihr über das Licht? / Filoteo: Ich sage, dass die Sonne nicht der Sonne, die Erde nicht der Erde leuchtet, jedes Leuchtende beleuchtet nur den es umgebenden Raum. Mag daher auch die Erde vermöge der reflektierenden Sonnenstrahlen mit ihrer Spiegelfläche von Wasser noch so sehr leuchten, so ist ihr Glanz doch weder für uns noch für irgend welche Augen, die sich innerhalb derselben Ebene mit uns befinden, sichtbar, sondern nur für die, welche in einem ihr entgegengesetzten Raume sind ... Daraus ist leicht zu schließen, dass jene, die auf leuchtenden oder auch auf nur erleuchteten Gestirnen sind, das Licht ihres eignen Sternes nicht wahrnehmen können, sondern nur dasjenige der gegenüberstehenden ... Elpino: Also wollt Ihr behaupten, dass für die etwaigen Sonnenbewohner nicht die Sonne selbst den Tag macht, sondern irgendein anderer umstehender Stern? / Filoteo: Freilich! Begreift Ihr es nicht? [158]

Diese Aussagen werden vielen absurd erscheinen. Dennoch dürften die bisherigen Ausführungen deutlich gemacht haben, dass die von Bruno vorgetragenen Gedanken den großartigen Versuch darstellen, die Täuschungen der erdoberflächengebundenen Sinneswelt kosmisch zu begründen, die kosmischen Erscheinungen auf ihre Ursächlichkeit hin zu befragen. Wichtig ist der Grundgedanke Brunos, nicht die zeitbedingte Ausformung im einzelnen. Die Gestirne stehen über ihre jeweilige Verstrahlung in Beziehung zueinander. Diese Strahlung verursacht durch die besondere Art ihres Gegeneinanderwirkens einen Temperaturausgleich (Strahlungsausgleich), der die Extreme mildert und Lebensvorgänge ermöglicht. Immer ist da das leitende Postulat von der Allgegenwart der Weltseele, von der All-Weisheit und All-Güte des Unendlichen. Immer geht Bruno davon aus, dass die physikalische Erfahrungswelt als solche ohne metaphysisch-kosmische Grundlagen sinnleer und isoliert erscheinen muss.

Wenn die These von Simon Kraus stimmt, des einzigen «Nachfolgers» Brunos in neuerer Zeit, dass kosmische Lichtphänomene einem Gegeneinanderwirken der Kernzerfallfelder der Gestirne und einer dadurch hervorgerufenen Zustandsänderung der Energiefelder zu verdanken sind, dann müssten in der Tat die kosmologischen Grundlagen unseres Weltbildes revidiert werden, dann bekäme die in den letzten Jahren vielfach diskutierte Frage nach den Möglichkeiten außerirdischen Lebens eine neue Dimension.

Ergänzt sei hier, dass die Vorstellung von der Bewohnbarkeit aller Gestirne im 18. Jahrhundert zum wissenschaftlichen Allgemeingut gehörte. Die Denker der Aufklärung postulierten die kosmische Allgegenwart der Vernunft, und Voltaire beispielsweise vertrat den Gedanken, dass die Bewohner des Sirius, an deren Existenz er nicht zweifelte, mit einer der irdischen vergleichbaren «Moral» ausgestattet seien. Noch der Astronom Sir William Herschel (1738-1822), der den Planeten Uranus entdeckte, war wie Newton von der Bewohnbarkeit der Sonne überzeugt. Gedanken dieser Art schwanden im 19. Jahrhundert aus dem naturwissenschaftlichen Bewusstsein; und erst die

Kosmologie von Simon Kraus hat die Möglichkeit eröffnet, die in unseren Tagen herrschende «Sonnenofen»-Theorie in Frage zu stellen.

Gestaltwandel und Wiedergeburt

Der Mensch im kosmischen Werden

Dieses geistige Prinzip also hält Zeus für die wahre Substanz, die den Menschen ausmacht, und nicht für eine zufällige Eigenschaft, die aus der bloßen Zusammensetzung hervorgehe. Dieses Prinzip ist der Heros, das Dämonische, der Halbgott, die Intelligenz, in welcher, von welcher und durch welche die verschiedenartigsten stofflichen Verbindungen, Organismen und Körper gebildet werden; eben diese aber kann und muss auch ein verschiedenartiges Sein in verschiedenartige Gestaltungsarten, verschiedene Namen und verschiedene Schicksale eingehen. Dieses Prinzip ist es, welches als Verstand den Körper zu zweckmäßigen Tätigkeiten und Strebungen bewegt und leitet, es steht über jenem als das höhere und kann an und für sich selbst nicht von ihm genötigt und gefesselt sein. Doch die höchste Gerechtigkeit, welche über und in allen Wesen waltet, fügt es, dass die Seele zufolge unordentlicher sündhafter Begierden entweder in den gleichen oder gar in einen andern qualvolleren und unedleren Körper, als den sie verließ, herabsteigen muss und sich auf die Regierung und Verwaltung eines besseren Wohnsitzes keine Hoffnungen machen darf, wenn sie die Verwaltung des bisherigen schlecht geführt hat.[159]

Die zitierten Sätze enthalten einige der zentralen Elemente der Anthropologie und Reinkarnationslehre des Nolaners. Was Bruno hier «Gerechtigkeit» nennt, ist die metaphysische Grundordnung des gesamten Kosmos, unmittelbarer Ausfluss des *primus intellectus*, des göttlichen Logos. Letztlich ist für Bruno der Kosmos identisch mit der Gerechtigkeit, seine Gesetzes-Ordnungen sind die im Göttlichen wurzelnde Gerechtigkeit. Hier werden Zusammenhänge mit dem Gedanken der Vergeltungskausalität im Sinne des buddhistischen Karmabegriffs sichtbar.

Das «Böse» ist in der Philosophie des Nolaners durch reine Negativität gekennzeichnet; es hat keine eigenständige Realität, sondern ist gleichsam der «Wille zur Nicht-Einheit». Da aber die Einheit alle Lebens- und Seinsprinzipien umfasst, ja im Letzten das Leben selbst ist, kann das «Böse» nur definiert werden als das Streben zum Nichtsein, zum Nichts. In diesem Sinne wäre der Schopenhauersche «Wille zum Nichts» vielleicht die deutlichste Kennzeichnung des «Bösen» im Denken Brunos. Dies schließt den Gedanken der absoluten Notwendigkeit auch des Chaos im Weltganzen ein. Die Finsternis, wie Bruno immer wieder betont, ist der Ermöglichungsgrund des Lichtes, Schöpfung als schöpferische Gestaltenformung läuft stets als Kampfgeschehen ab, als Widerstreit der Gegensätze. Die metaphysischen Ureinheiten der Welt, die Monaden, durchlaufen in ewigem Wechsel und Kreislauf alle nur denkbaren Formen der Gestaltung. Und mehrmals hebt der Nolaner die dem Menschsein innewohnende Gefährdung hervor, die Möglichkeit, des Menschseins verlustig zu gehen und den unteren Reichen anheimzufallen.

Und so wird sie (die Seele) *weiter und weiter das Verhängnis der ewigen Veränderung durchlaufen und je nachdem in andere bessere oder schlechtere Lebensweisen und Schicksale eingehen, als sie sich besser oder schlechter in ihrer nächst vorangegangenen Lebenslage und unter den eben überstandenen Verhältnissen geführt hat.*[160]

Giordano Bruno hält eine Rückgliederung der menschlichen Seele ins Tierreich, ja ins Pflanzenreich oder gar ins Mineralische, durchaus für möglich. Derartiges geschieht seiner Meinung nach fortwährend. Alles war gleichsam Mensch, ist Mensch oder wird Mensch sein! Die Frage, wie eigentlich organisches Leben entsteht, wie sich der Mensch aus den unteren Reichen herauszubilden vermochte, beantwortet Bruno mit dem Hinweis auf den Kreislauf der Seelenmonaden und ihrer Gestaltungen. Leben ist nie entstanden, sondern war immer und wird immer sein! Nur die Formen verändern sich, nur die Bewusstheitsgrade. So erklärt er beispielsweise den tierischen Instinkt durch ein dem tierischen Organismus innewohnendes *individuelles Seelenvermögen, das sozusagen das Steuerruder im Organismus handhabt*[161], also letztlich durch eine besondere seelisch-geistige Bewusstseinsstufe, die sich nur graduell, nicht aber wesensmäßig von derjenigen des Menschen unterscheidet. *Sebast: Sie behaupten also ernstlich, dass die Seelensubstanz des Menschen von derjenigen der Tiere nicht wesentlich verschieden sei, dass es sich nur um Unterschiede der Gestaltung handelt. / Onorius: Die Seele des Menschen ist in spezifischer und genereller Wesenheit dieselbe wie die der Fliegen, der Austern, der Pflanzen, überhaupt jeglichen beseelten Wesens. Denn es gibt keinen Körper, der nicht mehr oder weniger lebendig und vollkommen in sich selber Anteil hätte an der Weltseele.*[162]

Dieser Auffassung von der lebendigen Wesensgleichheit von Tier, Pflanze und Mensch, welche derjenigen orphischer oder altindischer Religiosität entspricht, steht die Lehre des Descartes von den Tieren als komplizierten «Mechanismen» antipodisch entgegen. Die unsagbaren Verbrechen dem Tierreich gegenüber, welche die abendländische Geschichte kennzeichnen, sind nur aus dieser mechanistischen Naturauffassung heraus zu erklären, innerhalb derer das Phänomen «Leben» zum Fremdkörper, ja geradezu zum Störfaktor degradiert werden muss, wenn es um «wissenschaftliche Exaktheit» geht. Was Bruno zur Seelenwanderung und zur Wiederverkörperung der Seelenmonaden zu sagen weiß, unterscheidet sich nur wenig von den Reinkarnationslehren Altgriechenlands oder Altindiens. Seine

Leistung besteht darin, diese alten Weisheitslehren aufgegriffen, sie verlebendigt und kosmologisch ausgeweitet zu haben. Für den Großteil seiner Zeitgenossen waren Gedanken dieser Art ohnehin eine Absurdität. Kaspar Schoppe beispielsweise, der Augenzeuge der Verbrennung, entrüstet sich darüber, dass Bruno «schreckliche und absurde Sachen» gelehrt habe, «wie z. B. es gäbe unzählige Welten, die Seele könne von einem Körper in einen anderen übergehen, ja sogar in eine andere Welt, eine Seele könne sogar zwei Körper beleben ... »[163]

Auch die Seelenlehre Brunos ist zunächst in bewusster Abgrenzung zu derjenigen des Aristoteles entwickelt worden. Zu den zentralen Gedanken der aristotelischen Naturphilosophie und Psychologie gehört der Begriff der «Entelechie», für Aristoteles die sich im Stoff (als der bloßen Möglichkeit) verwirklichende Form. Diese Form wird als mit dem Körper identisch gedacht, von diesem nicht zu trennen, insofern unvereinbar mit der Annahme der Präexistenz der Seele, unvereinbar auch mit dem Unsterblichkeitsgedanken und demjenigen der Wiederverkörperung der Seele. Zwar ist auch Bruno mit Aristoteles und den sich auf ihn beziehenden Scholastikern der Auffassung, dass die Seele das den Organismus formende und von innen heraus gestaltende Prinzip darstelle, doch ist dies der wohl einzige Berührungspunkt mit der aristotelischen Psychologie.

Das Verhältnis zwischen Körper und Seele hat Bruno auf vielfältige Weise zu umschreiben versucht. So heißt es einmal: *Die Seele verhält sich zur Materie wie der Baumeister zum Haus oder der Schiffsherr zu seinem Schiff.* [164]

... die Seele ist nicht räumlich in dem Leibe, sondern verhält sich zu ihm wie eine innerliche Gestalt und ein äußerer Gestalter; als solche, die seine Gestalt und seine Glieder schafft und von innen

und von außen diese Zusammensetzung bildet. Der Leib ist also in der Seele, wie die Seele im Geist und der Geist in Gott.[165]

Mit Nachdruck weist der Nolaner darauf hin, dass die Seele in der Lage sei, den Körper zu verlassen, dass sie eine vom Körper unabhängige Eigenexistenz habe.[166]

Über das Verhältnis der Einzelseele zur Weltseele gibt es nur wenige Aussagen. Zwar betont Bruno mehrfach, dass die individuelle Seele eine innere Verbindung habe mit der Weltseele[167], aber die näheren Bestimmungen dieser Verbindung bleiben dunkel, gehen jedenfalls nicht über die erwähnte Spiegel-Symbolik hinaus. In der Schrift *De magia* (Über die Magie) findet sich der Hinweis, dass sich die unzähligen Einzelseelen im Weltall nicht gegenseitig behinderten, vielmehr seien sie unzähligen Lichtern gleichzusetzen, welche sich zur Einheit des allumfassenden Lichtes zusammenfügen. Bruno ist der Auffassung, dass die Weltseele bzw. der mit ihr identische unendliche Raum sich aus der unendlichen Zahl von Einzelseelen oder Monaden konstituiere.[168]

Die Aussagen Brunos zur Reinkarnationslehre sind alles andere als systematisch. Die Wiederverkörperung ist ihm kein Thema sui generis, sondern darauf bezugnehmende Äußerungen sind stets eingebettet in den kosmologisch-metaphysischen Gesamtzusammenhang. Anthropologie und Kosmologie sind nicht zu trennen im Denken des Nolaners.

Der Mensch bzw. die sein Wesen ausmachende Monade ist ein lebendiger Teil des kosmischen Werdens. Monaden sind «mitschaffende Kräfte» (Goethe), wie an anderer Stelle ausgeführt. Die Seelenmonade, die sich selbst in harmonische Übereinstimmung zu bringen vermochte mit dem Weltengrund, dem Absoluten, der Einheit, verlässt den Kreislauf der Wiedergeburten, wird zum weltschöpferischen Werkzeug der Gottheit.[169]

Der Apostat

Die Kritik
des Christentums

Von den Grundpositionen der Naturphilosophie Brunos lassen sich keine Brücken schlagen zu christlichem Denken und Glauben. Die Vorstellung von dem einen unendlichen All als Abbild der göttlichen Einheit, von der unendlichen Zahl bewohnter Welten, vom Kreislauf der Seelenmonaden, vom Prinzip der kosmischen Gerechtigkeit und der Notwendigkeit des göttlichen Willens ist essentiell antichristlich, widerspricht radikal dem christlichen Gottes- und Schöpfungsbegriff.

«Bruno starb nicht als Zweifler, nicht als einer jener Ketzer, deren dogmatische Abweichungen dem historischen Betrachter allemal als innerchristliche Vorgänge erscheinen. Bruno starb für einen Widerspruch, der sich gegen das Zentrum und die Substanz des christlichen Systems richtete» (Hans Blumenberg).[170]

Satirische Ausfälle gegen das Christentum finden sich vornehmlich in der *Vertreibung der triumphierenden Bestie* und der *Kabbala des Pegasus*. Und es gibt kaum einen Punkt der christlichen Dogmatik, den Bruno nicht mit bissigem Spott bedacht hätte. Von den meisten anderen Kritikern oder Gegnern des Christentums unterscheidet er sich darin, dass er auch die Person des Stifters der christlichen Religion nicht verschont. Brunos Abwendung von dem ihm vorgehaltenen Kruzifix auf dem Scheiterhaufen bezog sich durchaus nicht nur auf das Kreuz als christliches Symbol, sondern auch auf den Nazarener, auf Jesus von Nazareth selbst, wie er ihn in der Gestalt des Orion in der *Vertreibung der triumphierenden Bestie* dargestellt hatte. Diese Aussagen, vielleicht das Ungeheuerlichste, was jemals gegen das Christentum geschrieben wurde, dürften im letzten den Grund dafür abgegeben haben, dass dieses Werk des Nolaners die einzige Schrift war, welche in der am 8. Februar 1600 verlesenen

Anklageschrift ausdrücklich hervorgehoben wurde. Es ist des Nolaners «Antichrist», und sie steht der Schrift Nietzsches von 1888 in der Schärfe und Kompromisslosigkeit der Diktion nicht nach. Nur war Bruno gezwungen, seine Kritik in verschlüsselter Form vorzutragen, um überhaupt einen Verleger zu finden.

In dem Widmungsschreiben zur *Vertreibung* heißt es: *Um nun meine Absicht in den vorliegenden Dialogen jedwedem, der sie verstehen will und kann, verständlich zu machen, so versichere und beteuere ich zunächst, was mich selbst anbetrifft, dass ich alles das anerkenne, was gemeinsam von den Weisen und Guten aller Zeiten als anerkennenswert hingestellt ist und dass ich mit diesen das Gegenteil davon verabscheue – und daher bitte ich und beschwöre ich meine Leser, möge doch keiner unter ihnen sich von so abscheulicher Gemütsart und so boshafter Gesinnung erweisen, dass er alles, was in diesem Buche geschrieben steht, für ein Bekenntnis meiner eigenen Überzeugung ausgebe ... und sollte jemandem hier und da der wahre Sinn meiner Worte nicht sogleich verständlich sein, so möge er nicht sofort darüber aburteilen, sondern an sich halten und seine Entscheidung nicht eher fällen, als bis er in das innerste Mark ihrer Bedeutung eingedrungen ist.*[171]

Wie auch immer man diese Absicherung des Nolaners gegen eine mögliche Fehlinterpretation des brisanten Dialogs einordnen mag, sie hat wenig ausgerichtet. Kaum eine Schrift Brunos ist so vielen Missverständnissen ausgesetzt gewesen wie die *Vertreibung der triumphierenden Bestie*, und es mutet befremdlich an, dass gerade den entscheidenden antichristlichen Textpassagen gegenüber selbst oder gerade wohlwollende Interpreten kaum ein Mindestmaß an philologischer Gründlichkeit und geistiger Redlichkeit aufgebracht haben. Ja es hat nicht an Versuchen gefehlt, den Nolaner vom «Makel» des Antichristentums zu befreien, wie dies zum Beispiel der ansonsten verdienstvolle Übersetzer und Herausgeber Ludwig Kuhlenbeck getan hat. Kern dieser oft peinlichen «Rettungsversuche» ist die bekannte Unterscheidung zwischen dem «eigentlichen» Christentum und den späteren Entartungen. Immer wieder wurde und wird darauf verwiesen, dass der Nazarener etwas grundsätzlich anderes gewollt habe, als in den späteren Formen christlicher Institutionen zutage getreten sei. Kuhlenbeck schreibt dazu (1909): «Heutzutage sollte eigentlich jeder Gebildete nicht nur zwischen Kirche und Christentum, sondern innerhalb der Kirche selbst zwischen deren Wesen und ihren zeitweiligen geschichtlichen Auswüchsen und Verunstaltungen zu unterscheiden wissen.»[172]

Auch Nietzsche, der wohl wortgewaltigste Gegner des Christentums, nimmt die Person des Stifters der christlichen Religion zumeist aus. Für ihn beginnt das Christentum als Racheakt der «Schlechtweggekommenen», als «Tschandala»-Bewegung gegen allen Aristokratismus mit Paulus; ihm gilt der Großteil der Nietzscheschen Polemik. Obwohl sich auch bei Nietzsche zuweilen Aussagen finden, die im Nazarener selbst den Grund für den im Christentum sich manifestierenden «nihilistischen Willen zur Macht» hervorheben, so etwa, wenn er in Abgrenzung zu Renans «Leben Jesu» schreibt: «Aber kann man ärger fehlgreifen, als wenn man aus Christus, der ein Idiot war, ein Genie macht? Wenn man aus Christus, der den Gegensatz eines heroischen Gefühls darstellt, einen Helden herauslügt?»[173] Dass ein Zusammenhang besteht zwischen dem Antichristentum Nietzsches und Brunos, geht aus dem Umstand hervor, dass beide wesentliche Elemente der antiken Polemik gegen das Christentum aufgreifen und weiterentwickeln, wie sie sich bei Celsus, Julian Apostata und anderen finden. Gerade mit Letzterem, also mit dem abtrünnigen Kaiser und «Christushasser», wie ihn Strindberg nennt, lassen sich viele Gemeinsamkeiten aufweisen, insbesondere mit dessen Schriften «Die Caesaren und das Gastmahl» und «Gegen die Galiläer».[174] Und die folgenden Bemerkungen von Karl Löwith lassen sich einschränkungslos auch auf Bruno übertragen: «Für Celsus wie für Nietzsche ist der christliche Glaube roh und absurd. Er zerstört die Vernünftigkeit des Kosmos durch einen willkürlichen Eingriff.»[175]

Im folgenden sollen jene «berüchtigten» Aussagen über die Gestalt des Orion zitiert werden, wie sie sich in der *Vertreibung der triumphierenden Bestie* vorfinden. Im Zuge der Säuberung des Himmels von den alten Sternbildern wird auch das Sternbild des Orion ausgetauscht: *Darauf fragte Neptun: «Was, o Götter, wollt Ihr mit meinem Günstlinge, meinem Lieblinge beginnen, Orion meine ich, der schon vor lauter Angst, wie einige Etymologen meinen, vom Himmel uriniert?» Da erwiderte Momus: «Lasst mich, o Götter, einen Vorschlag machen! Uns ist, wie ein neapolitanisches Sprichwort sagt, der Makkaroni in den Käse gefallen! Dieser versteht es ja, allerlei Wunderwerke zu verrichten, und wie Neptun weiß, kann er über die Wogen des Meeres hinwandeln, ohne einzusinken, ja, ohne sich die Füße zu benetzen, und folglich wird er auch noch viele andere schöne Kunststücke machen können – nun, so lasst uns ihn unter die Menschen senden und diesen durch ihn begreiflich machen, was uns irgend gut deucht und genehm erscheint, indem er sie glauben lassen kann, dass weiß schwarz ist, dass der menschliche Verstand, gerade wo er am klarsten zu sehen glaubt, nur Blindheit, dass folglich alles, was der Vernunft als vortrefflich, gut oder als das Beste erscheint, nur gemein, verwerflich und äußerst böse ist, dass die Natur nur eine* feile Dirne, das Naturrecht nur eine Schurkerei ist, dass Gott und die Natur niemals zu einem und demselben guten Endzwecke zusammenwirken können und dass die Gerechtigkeit der einen nicht der Gerechtigkeit des andern untergeordnet, sondern ganz und gar entgegengesetzt ist wie die Finsternis dem Licht; dass die ganze Gottheit nur eine Mutter der Griechen, dagegen für alle übrigen Geschlechter nur eine böse Stiefmutter ist, weshalb niemand den Göttern angenehm werden kann, wenn er sich nicht gräzisiert, d. h. zum Griechen macht ... Auf die Weise wird er vielleicht unseren Kultus und unsere Ehre, die wir verloren haben, wieder herstellen können, ja sie wohl gar erhöhen und so sehr kräftigen können, dass unsere Schufte und Gauner für Götter geachtet werden, bloß weil es Griechen oder Gräzisierte sind. Aber mit geheimer Furcht, mit innerer Besorgnis gebe ich Euch diesen Rat, o Götter; denn irgendeine Mücke summt mir da was ins Ohr, als ob er möglicherweise am Ende noch, wenn er sieht, dass er das Wild in den Händen hat, es für sich behalten möchte, indem er ihnen wohl gar den Glauben eintrichtern könnte, dass nicht der große Zeus Zeus sei, sondern dass Orion Zeus sei und alle anderen Götter nichts als Chimären und Phantasien ... » Hier antwortete die weise Minerva: «O Momus! ich verstehe nicht, in welchem Sinne Du dies alles sagst ... Ich denke, dass Dein ganzes Sprechen ironisch ist; denn für so dumm kann ich Dich doch nicht halten, dass Du etwa glaubtest, wir Götter möchten uns durch solche Armseligkeiten Achtung bei den Menschen erbetteln; und was diese Schwindler betrifft, so weißt Du doch, dass ihr falsches Ansehen sich nur auf die Unwissenheit und Bestialität derer gründet, die sie verehren; und ihnen selber zu weit größerer Schmach und Schande als zur Ehre gereicht ... »[176]

Hierzu vermerkt ein anonymer lateinischer Kommentar: «Von

Orion; aber, o Christus, mit verändertem Namen erzählt die Sage von Dir.»[177]

Wenn also nicht bloß Orion, der doch noch ein Grieche und ein Mann von einiger Bildung war, sondern gar einer aus dem unwürdigsten und schmutzigsten Geschlecht der Welt, ein Mensch von niedrigster und gemeinster Natur und Denkart als Zeus angebetet wird, so wird er fürwahr nicht in Zeus geehrt, noch wird Zeus in ihm verunehrt, da er diesen Sitz und Thron nur als Maske und Unbekannter erhält, sondern vielmehr die anderen, die ihn anbeten, erwerben sich dadurch Geringschätzung und Tadel. Niemals also wird ein Schurke deshalb ehrwürdiger erscheinen, weil er mit Hilfe feindlicher Genien zum Affen und zum Popanz dient für den blinden Pöbelglauben.[178]

Dass die zitierten Aussagen sich auf den Stifter des Christentums beziehen, kann von keiner vorurteilsfreien Betrachtung geleugnet werden. Der Übersetzer Kuhlenbeck schreibt dazu in einer Anmerkung (1904): «Ich stehe nicht an, zu bemerken, dass diese Stelle über Orion hässlich und frivol ist, sie offenbart etwas von dem unbesonnenen Hass eines Celsus, Julian Apostata und Voltaire.»[179] Ganz ähnlich drückt sich Max Bergfeld in seinem Bruno-Buch von 1929 aus: «Die Frivolität, mit der der Dominikanermönch hier seine eigene Religion verspottet, hat höchstens bei Julian Apostata, bei Voltaire und Nietzsche einen ähnlichen Ausdruck gefunden.»[180]

Es sei dahingestellt, ob die zweifellos ungeheuerlichen Aussagen Brunos über den Nazarener mit dem Etikett «frivol» angemessen gekennzeichnet sind. Wichtiger ist die Frage, wie die hier zutage tretende Maßlosigkeit des Hasses zu erklären ist. Was veranlasste den Nolaner, auch die Person des Jesus von Nazareth anzugreifen, und zwar mit einer erschreckenden Offenheit und Schärfe, die doch keinem aufmerksamen Leser der *Vertreibung* verborgen bleiben konnte? Der Versuch einer eingehenden Beantwortung dieser Frage überschreitet den Rahmen der vorliegenden Monographie. So mögen einige Andeutungen genügen.

Es fällt zunächst auf, dass Jesus von Nazareth in den Schriften Brunos nur an wenigen Stellen namentlich erwähnt wird. Wenn von der Bibel die Rede ist, beziehen sich die Aussagen des Nolaners fast ausschließlich auf das Alte Testament, während das Neue Testament mit gleichsam eisigem Schweigen übergangen wird. In der Religiosität des vorchristlichen Judentums sieht Bruno die Widerspiegelung altägyptischer Weisheit, die Moses in Ägypten aufgenommen habe. Ja es findet sich die provokative These, die Juden seien von den Ägyptern des Landes verwiesen worden, was also einer radikalen Umwertung der im Alten Testament dargestellten Ereignisse entspricht.

Der Hochschätzung altägyptischer Magie und Religion steht häufig eine unverhüllte Geringschätzung des Judentums gegenüber. Es gibt sogar Aussagen, die man mit einem gewissen Recht als «antisemitisch» bezeichnen könnte, obwohl es verfehlt ist, Bruno deswegen gerieren einen «Antisemiten» zu nennen, wie dies Ludwig Kuhlenbeck tut. Dem widersprechen viele positive Aussagen des Nolaners über das Alte Testament und seine großen Gestalten sowie über die Natur- und Zahlensymbolik der «Kabbala». Das Christentum ist für Bruno letztlich eine entartete Form des Judentums, der jüdischen Religion. Dass Bruno den Nazarener als einen Angehörigen *des unwürdigsten und schmutzigsten Geschlechtes der Welt* bezeichnet *(ma u'no delta piu indegna e fracida generazion del mondo)*[181], ist zunächst aus dem Kontext heraus zu verstehen, der darauf abzielt, den Nazarener als verachtungswürdig und als *Popanz für den blinden Pöbel-glauben* hinzustellen. Hiermit ist einer der entscheidenden Kritikpunkte ausgesprochen: Bruno hält das Christentum für Götzendienst! Dass ein Mensch zum Gott oder zum eingeborenen Gottessohn erklärt wird, erscheint ihm als Blasphemie, als ein Hohn auf die Unendlichkeit und All-Einheit des Weltenschöpfers.

Am Ende des Abschnitts über Orion bezeichnet Bruno den Nazarener als *einen verächtlichen, gemeinen und unwissenden Menschen ... durch welchen alles entwürdigt, geknechtet, in Verwirrung gebracht und das Unterste zu oberst verkehrt, die Unwissenheit an Stelle der Wissenschaft ... der echte Adel zu Unehren und die Niederträchtigkeit zu Ehren gebracht* worden sei.[182]

Der Nolaner führt also die natur- und kosmosfeindliche Religiosität des Christentums auf die Person des Jesus von Nazareth zurück. In ihm sieht er den Urheber der durch das Christentum vollzogenen Umwertung der natürlichen Ordnung. Das zeigen die zitierten Ausführungen über Orion auf unmissverständliche Weise. Denn der Vorschlag von Momus zielt darauf ab, den wundertätigen Orion auf die Erde zu schicken und eine vollständige Umkehr der Weltordnung herbeizuführen, eine «Umwertung aller Werte». Hell und Dunkel sollen vertauscht, die Einheit des Zusammenwirkens von Gott und Natur aufgelöst werden zugunsten eines Antagonismus usw. Dann äußert Momus die Besorgnis, Orion könne sich selbst zum obersten Gott, zu Zeus erklären und alle anderen Götter zu *Chimären und Phantasien.* Man sollte diese Aussagen Brunos in ihrer ganzen Radikalität und Kompromisslosigkeit zur Kenntnis nehmen, wenn sie auch den herrschenden Auffassungen damals und heute widersprechen. Es ist in diesem Zusammenhang bemerkenswert, dass Mocenigo in seinem ersten Denunziationsschreiben vom 23. Mai 1592 die gesprächsweise geäußerte Kennzeichnung des Nazareners als «Betrüger» besonders herausstellt: «... dass ich den Giordano Bruno aus Nola bei verschiedenen Gelegenheiten, indem er sich mit mir in meinem Hause unterhielt, sagen hörte, es sei ein großer Blödsinn seitens der Katholiken, zu behaupten, das Brot verwandle sich in Fleisch; er sei ein Feind der Messe; ihm gefalle keine Religion; Christus sei ein Betrüger gewesen und habe, wenn er, um das Volk zu verführen, betrügerische Werke ausübte, leicht voraussagen können, dass man ihn hängen werde; es gebe nicht mehrere unterschiedliche Personen in Gott, das würde eine Unvollkommenheit in Gott sein; die Welt sei ewig und es gebe unzählige Welten, und Gott schaffe deren unaufhörlich unzählige, denn er behauptet, Gott wolle auch alles, was er kann; Christus habe nur scheinbare Wunder verrichtet und sei ein Magier gewesen wie die Apostel ... »[183] Es besteht kein Anlass, daran zu zweifeln, dass Bruno tatsächlich in der ihm eigenen Offenheit Äußerungen dieser Art seinem Gastgeber gegenüber gemacht hat. Die Aussagen Mocenigos zeigen einige der wesentlichen Elemente der Brunoschen Philosophie, wenn auch in unzulänglicher Formulierung. Das betrifft die Ablehnung des personalen Gottesbegriffs genauso wie die Lehre von den unzähligen Welten und von der Notwendigkeit des göttlichen Schöpfungswillens.

Für die Kennzeichnung des Nazareners als «Magier» findet sich ein erster Hinweis in der 1583 in London veröffentlichten Schrift *Sigillus sigillorum* (Das Siegel der Siegel). Dort ist von den «Wundern» Jesu im Sinne magischer Handlungen die Rede.[184] Die vom Nazarener ausgeübte Magie wird mit eindeutig negativen Vorzeichen versehen. Ihr stellt der Nolaner die von ihm selbst praktizierte «natürliche Magie» gegenüber. Dass er die Aussagen über den Nazarener als «Magier» bei seinen ersten Vernehmungen in Venedig energisch bestritt, besagt für sich genommen wenig. Und wer mit den Eigentümlichkeiten der Inquisitionsbehörden jener Tage auch nur oberflächlich vertraut ist, wird dem Nolaner sein Verständnis für diese «Lüge» nicht verwehren können. Rückhaltlose Offenheit in diesem Punkt hätte ihn sofort auf den Scheiterhaufen gebracht.

Das Christentum ist eine natur- und kosmosfeindliche Religion. Der christliche Erlösungsbegriff verneint den Gedanken der kosmischen Gerechtigkeit, negiert den Kreislauf der Seelenmonaden durch alle Reiche und Bewusstseinsstufen. Der christliche Gottesbegriff ist anthropomorph. Der Trinitätsgedanke widerstreitet der göttlichen Einheit. Die Lehre vom eingeborenen Gottessohn ist, kosmisch gesehen, provinziell, ja absurd. Eine Weltschöpfung aus dem Nichts hat es nicht gegeben und kann es nicht geben, denn es ist ewig alles vorhanden, was überhaupt vorhanden sein kann. So könnte man thesenartig einige der wichtigsten antichristlichen Gedanken des Nolaners umschreiben.

Es (das Universum) *wird nicht erzeugt, denn es ist kein anderes Sein, welches es ersehnen oder erwarten könnte; hat es doch selber alles Sein. Es vergeht nicht; denn es gibt nichts anderes, worin es sich verwandeln könnte – ist es doch selber alles.*[185]

Schlussbemerkungen

Dass die Menschheit dieses Planeten, nicht zuletzt durch die Ergebnisse der mathematischen Naturwissenschaft, in eine gefährliche Sackgasse gesteuert wurde, ist in den letzten Jahren von verschiedenen Seiten behauptet worden. Die Erkenntnis der Fragwürdigkeit der traditionellen Fortschrittsvorstellung gewinnt zunehmend mehr an Boden, und die Diskussion um die konkreten Ansatzpunkte alternativen Forschens und Handelns in Wissenschaft, Wirtschaft, Politik usw. nimmt einen immer breiteren Raum ein. Die mathematische Naturwissenschaft im Sinne «reiner Erkenntnissuche», also losgelöst von ihrer technischen und ideologischen Nutzanwendung, ist davon zumeist ausgeklammert worden, weil die hier zutage tretende Präzision und Voraussagekraft dem Kritiker in der Regel wenig Möglichkeiten einräumte, sofern er seinerseits nicht echte Grundlagenkritik zu leisten vermochte. Da jedoch die neuzeitliche Physik das Vorbild oder Ideal fast aller wissenschaftlichen Disziplinen wurde, bedeutet die Auseinandersetzung mit den erkenntnistheoretischen und philosophischen Grundlagen der mathematischen Physik die Auseinandersetzung mit dem Phänomen «Wissenschaft» schlechthin. Stets handelt es sich um eine kleine Zahl von Prämissen und Ausgangspostulaten, von denen her, mittels Anwendung von Logik, das «Ganze» der Natur und der Erfahrung angegangen wird. Dass diese Postulate, jedenfalls in dem weitreichenden Erkenntnis- und Gültigkeitsanspruch, der zumeist damit verbunden ist, revisionsbedürftig und revisionsfähig sind, scheint mir der ganz andersartige naturphilosophische Ansatz Giordano Brunos und dessen Weiterentwicklung durch Simon Kraus in unseren Tagen zu beweisen.

Wer die Einschätzung der Gegenwart als einer Phase des Umbruchs teilt, und dazu gehören Menschen der unterschiedlichsten Herkunft, der wird an einer Grundlagenkritik der mathematischen Naturwissenschaft nicht vorbeigehen können.

Sinnlichkeit und Intellekt, dies betont Bruno wie alle großen Philosophen, sind niemals in der Lage, wesentliche Aussagen über die Welt und den Kosmos zu machen, sofern sie nicht eingebunden sind in ein metaphysisches Ganzheitsdenken kosmischer Art, sofern sie nicht relativiert werden durch kosmische Grundlagenforschung. Letztere ist jedoch von der mathematischen Naturwissenschaft, entgegen ihren eigenen Aussagen, niemals wirklich geleistet worden, weil es dazu einer gänzlich anderen Grundhaltung den Phänomenen der Natur gegenüber bedarf; einer Grundhaltung, die mit der beliebten Etikettierung als «religiös» oder «dichterisch» durchaus nicht angemessen gekennzeichnet ist. [186]

Die Chance zu einer auf den Kosmos ausgerichteten Umorientierung und Revolutionierung des Denkens in einem sehr sublimen Sinne, wie sie sich durch die Überwindung der geozentrischen Lehre angeboten hätte, ist weitgehend vertan worden. Das Endergebnis ist die zunehmende und auch von den Naturwissenschaftlern selbst nicht geleugnete Sinnlosigkeit der vorgelegten «Erkenntnisse» über den Kosmos. Die schöpferische Aneignung der Brunoschen Naturphilosophie scheint mir geeignet, die quantifizierende Betrachtungsweise der neuzeitlichen Physik durch ein lebendiges und auf den Kosmos bezogenes Ganzheitsdenken zu überwinden.

Denn wie der, der das Eine nicht versteht, nichts versteht, so versteht der alles, der wahrhaft das Eine versteht; und wer sich der Erkenntnis des Einen mehr annähert, kommt auch der Erkenntnis von allem näher. [187]

Anmerkungen

Die Kursivschreibung ohne Anführungszeichen von Bruno-Zitaten folgt der Erstausgabe in der Reihe rowohlt monographien von 1980.

Genauere Angaben zu den hier nur in Kurzform angeführten Titeln müssen der Bibliographie entnommen werden. Lediglich Werke, welche dort nicht auftauchen, werden in den Anmerkungen vollständig zitiert.

Die Abkürzungen «OL» (für *Opera Latine)* und «Dial. it.» (für *Dialoghi italiani)* beziehen sich auf die Gesamtausgabe der lateinischen bzw. der italienischen Schriften (ohne die Komödie *Il candelaio),* «KW» auf die deutsche Übersetzung der italienischen Dialoge von Ludwig Kuhlenbeck (Giordano Bruno, Gesammelte Werke in sechs Bänden).

Orthographie und Interpunktion bei verwendeten Übersetzungen wurden behutsam modernisiert. Wo kein Hinweis auf einen Übersetzer auftaucht, stammen die Übertragungen vom Verfasser.

1   Weizsäcker, Garten des Menschlichen, S. 93
2   Ebd.
3   Hemleben, Galilei (rm 156), S. 14
4   Blumenberg, Cusaner und Nolaner, S. 114
5   Bemerkung zum Verfasser (am 31. Juli 1974)
6   Bereits 1576 soll der englische Astronom Thomas Digges die Fixsterne zu Sonnen erklärt und das Weltall für aktual unendlich angesehen haben. Allerdings bezieht sich Bruno an keiner Stelle seiner Werke auf ihn. Auch gibt es Widersprüche bei Digges; er scheint z. B. an den Kristallsphären festgehalten zu haben. (Singer, Bruno. S. 64 f)
7   Vielleicht angeregt durch einen Hinweis des Cusaners in «De docta ignorantia» (Die belehrte Unwissenheit).
8   Hinweis des Bruno-Forschers Giovanni Gentile; Singer, Bruno, S. 182
9   Singer, a. a. O., S. 189
10   Weizsäcker, a. a. O., S.174
11   In der Einleitung zum «Almagest». Hinweis bei Crombie, Von Augustinus bis Galilei, S. 79

12 Der Hinweis auf Aristarchos findet sich in der Schrift «Vom Gesicht im Monde» des Plutarch. Kopernikus erwähnt zwar Aristarchos mehrfach, bringt ihn aber nur an einer Stelle in Verbindung mit dem heliozentrischen System. Außerdem findet sich diese Bemerkung nur in der handschriftlichen Erstfassung, sie wurde in der gedruckten Fassung gestrichen. Gemeint ist die Schrift «Über die Kreisbewegungen der Himmelskörper» von 1543.

13 Crombie, a. a. O., S. 371

14 Zit. bei Crombie, a. a. O., S. 373

15 Oskar Höfling: «Physik. Lehrbuch für Unterricht und Selbststudium». Bonn 1976, S. 399

16 Zit. bei Crombie, a. a. O., S. 374

17 Zit. bei Hemleben, a. a. O., S. 143

18 Immanuel Kant: «Prolegomena zu einer jeden künftigen Metaphysik», Leipzig 1913, S. 124

19 *Vom Unendlichen,* KW 3, S. 93; Dial. it. S. 442

20 Crombie, a. a. O., S. 400f

21 *Aschermittwochsmahl.* Übers. Ferdinand Fellmann (sammlung insel), S. 111; Dial. it. S. 89

22 Lewis Mumford: «Mythos der Maschine», Frankfurt a. M., 1977 (fischer alternativ 4001), S. 398

23 KW 6, S. 228

24 Groce, Bruno. S. 177/78 (Übers. Groce), Original: OL III, S XI/XII (zit. in der Einführung)

25 Zit. bei Groce, a. a. O., S. 182

26 Das Geburtsjahr ist nicht mit letzter Sicherheit zu bestimmen. Es gibt Hinweise auf das Jahr 1550, obwohl 1548 wahrscheinlicher ist.

27 KW 6, S. 160

28 Singer, a. a. O., S. 10

29 Groce, a. a. O., S. 20

30 KW 6, S. 161

31 KW 6, S. 164

32 KW 6, S. 165

33 KW 6, S. 165

34 KW 2, Anm. Kuhlenbecks, S. 316

35 KW 2 *(Vertreibung der triumphierenden Bestie)*, S. 112/13; Dial. it. S. 660/61

36 KW 6, S. 166

37 KW 6, S. 166/67

38 KW 6, S. 199

39 *Aschermittwochsmahl,* Fellmann, S. 97; Dial. it. S. 67

40 KW 6, S. 199

41 *Von der Ursache,* Übers. Lasson, S. 9; Dial. it. S. 202

42 KW 2, Vorwort Kuhlenbecks, S. 9

43 KW 6, S. 138-40; OL I 1, S. 75-77

44 Das Buch trägt den Titel *Jordani Bruni Nolani Camoeracensis Acrotismus seu rationes articulorum physicorum adversus peripateticos Parisiis ...* (OL I 1, S. 53f). – Übersetzung von Groce: *Streitschrift des Nolaners Giordano Bruno gegen die Peripateti ker vor den Hörern des College de Cambrai über die Grundsätze der physikalischen Artikel,* Groce, a. a. O., S. 109

45 KW 6, S. 157

46 Paul Richard Blum in der Neuausgabe des Dialogs *Von der Ursache* (Hamburg 1977), S. LVI

47 KW 6, 146/47

48 Blumenberg, Einleitung zum *Aschermittwochsmahl,* Übers. Fellmann, S. 47

49 Ebd.

50 KW 6, S. 226

51 KW 6, S. 232

52 KW 6, S. 232

53 *Heroische Leidenschaften und individuelles Leben,* Auswahl der Werke von Ernesto Grassi. S. 74-76; Dial. it. S. 1123f

54 Dial. it. S. 1008

55 *Von der Ursache,* Lasson, S. 25; Dial. it. S. 226/27

56 *Von der Ursache,* Lasson, S. 26; Dial. it. S. 227/28

57 *Von der Ursache,* Lasson, S. 67/68; Dial. it. S. 281/82

58 Walter Theimer: «Handbuch der naturwissenschaftlichen Grundbegriffe», München 1978, S. 392 (Stichwort «Quantentheorie»)

59 *De minimo,* OL I 3, S. 201

60 *De minimo,* OL I 3, S. 200

61 *De minimo*, OL I 3, S. 208
62 *De minimo*, OL I 3, S. 207
63 *Von der Ursache*, Lasson, S. 41
64 KW 3, S. 28/29; Dial. it. S. 369/70
65 *De minimo*, OL I 3, S. 194
66 *Von der Ursache*, Lasson, S. 40; Dial. it. S. 246
67 *Von der Ursache*, Lasson, S. 101/02; Dial. it. S. 324/25
68 Aus der Wittenberger Abschiedsrede, März 1588, KW 6, S. 84
69 *Heroische Leidenschaften*, KW 5, S. 213; Dial. it. S. 1159
70 Gegen Ende des Lehrgedichts *De immenso*, OL I 2, S. 312f
71 OL II 3, S. 91
72 OL II 3, S. 91
73 *Summa terminorum metaphysicorum* (Die Summe der metaphysischen Grundbegriffe). OL I 4, S. 32. Bei Bruno ist «ratio» zu meist «Verstand», «intellectus» dagegen« Vernunft». Sehr selten meint «intellectus» soviel wie «Verstand» oder «Intellekt».
74 OL III, S. 59/60
75 *Von der Ursache*, Lasson, S. 29/30; Dial. it. S. 232/33
76 *Von der Ursache*, Lasson, S. 105/06; Dial. it. S. 329
77 Walker, Spiritual and Demonic Magic, S. 4f; Vedrine, La conception de la nature chez Giordano Bruno, Fn. S. 188
78 *De minimo*, OL I 3, S. 140
79 *De minimo*, OL I 3, S. 140
80 *De minimo*, OL I 3, S. 140
81 *Heroische Leidenschaften*, KW 5, S. 66
82 *Von der Ursache*, Lasson, S. 107; Dial. it. S. 331
83 *Heroische Leidenschaften*, Grassi. S. 83/84; Dial. it. S. 1098f
84 Grassi, a. a. O., S. 76
85 *Acrotismus*, OL I 1, S. 89
86 Goethes Gespräche ohne die Gespräche mit Eckermann. Leipzig o. J. S. 284
87 Ebd., S. 280
88 Ebd., S. 283/84
89 U. a. *Theses de magia* (Thesen zur Magie). OL III, S. 472
90 *Acrotismus*. OL I 1, S. 60
91 *Heroische Leidenschaften*, KW 5, S. 153
92 KW 2, S. 40; Dial. it. S. 573/74

93   *Von der Ursache,* Lasson, S. 112/113; Dial. it. S. 338/39
94   Zit. bei Stern, Bruno, S. 158
95   «Die Ethik», Leipzig o. J. S. 37
96   Ebd., S. 53
97   *Summa terminorum metaphysicorum,* OL I 4, S. 101 133
98   OL I 2, S. 193
99   Lateinischer Satz in dem italienischen Dialog *Spaccio della bestia trionfante,* Dial. it. S. 776
100 *De immenso,* OL I 2, S. 312
101 *De minimo,* OL I 3, S. 136
102 *Vom Unendlichen,* KW 3, S. 43; Dial. it. S. 385
103 *Vom Unendlichen,* KW 3, S. 42; Dial. it. S. 384
104 Cusaner und Nolaner, Kapitelüberschriften S. 34, 109
105 *Vom Unendlichen,* KW 3, S. 44; Dial. it. S. 386
106 «Die Ethik», S. 60
107 Simon Kraus, Vom Regenbogen und vom Gesetz der Schöpfung, Bd. 1, Der Baustoff der Welt, S. 9
108 Ebd., S. 33f
109 *Vom Unendlichen,* KW 3, S. 110/11; Dial. it. S. 462/63
110 *Aschermittwochsmahl,* Fellmann, S. 70/71; Dial. it. S. 28/29
111 *Aschermittwochsmahl,* Fellmann, S. 74; Dial. it. S. 32/33
112 Anmerkung von Blumenberg zum *Aschermittwochsmahl,* Fellmann. S. 188
113 *Aschermittwochsmahl,* Fellmann, S. 134/35; Dial. it. S. 116/17
114 dtv-Atlas zur Astronomie, München 1973. S. 41
115 Erklärung dieses Phänomens durch Simon Kraus, Baustoff, S. 42 (durch gleitende Zustandsänderung des «Feldes»)
116 Weizsäcker, Einheit der Natur. S. 80
117 U. a. *Vom Unendlichen,* KW 3, S. 98; Dial. it. S. 448
118 *Vom Unendlichen,* KW 3, S. 136; Dial. it. S. 494
119 *120 Thesen,* KW 6, S. 143; OL I 1, S. 79
120 *Vom Unendlichen,* KW 3, S. 63/64; Dial. it. S. 407/08
121 *Vom Unendlichen,* KW 3, S. 64/65; Dial. it. S. 408/09
122 *Vom Unendlichen.* KW 3, S. 136; Dial. it. S. 494
123 Weizsäcker, Einheit der Natur, S. 121
124 Dies hat Heisenberg mir gegenüber mit Nachdruck betont. (Gespräch am 31. Juli 1974)

125 Kraus, a. a. O., S. 52

126 Ebd., S. 32

127 Ebd., S. 33

128 Ebd., S. 37 – Heisenberg in einem Brief an den Verfasser über die Schrift von Kraus (datiert vom 4. September 1974): «Wie ich schon bei unserem Gespräch in Oberbozen vermutet hatte, vermittelt die Schrift von Simon Kraus für mich weniger Überzeugungskraft als für Sie. Natürlich stehen in dieser Schrift auch viele richtige Sätze, aber im Ganzen habe ich doch das Gefühl, dass Herr Kraus die Schwierigkeiten bei den von ihm behandelten Fragen weit unterschätzt hat.»

129 Kraus, a. a. O., S. 79

130 *Aschermittwochsmahl*, Fellmann, S. 128; Dial. it. S. 109

131 Crombie, a. a. O., S. 278

132 Ebd., S. 282

133 *Vom Unendlichen*, KW 3, S. 68; Dial. it. S. 412

134 *Vom Unendlichen*, KW 3, S. 69; Dial. it. S. 413

135 *Aschermittwochsmahl*, Fellmann, S. 166-68; Dial. it. S. 154-56

136 Kraus, a. a. O., S. 46

137 *Aschermittwochsmahl*, Fellmann, S. 174; Dial. it. S. 164

138 dtv-Atlas zur Astronomie, a. a. O., S. 63

139 *Aschermittwochsmahl*, Fellmann, S. 175; Dial. it. S. 165

140 *De immenso*, OL I 2, S. 41

141 *De immenso*, OL I 2, S. 41

142 Höfling, Physik, S. 684

143 G. Falk und W. Ruppel: «Die Physik des Naturwissenschaftlers. Mechanik, Relativität, Gravitation», Berlin-Heidelberg-New York 1973, S. 423

144 Ebd., S. 422

145 Ernst Cassirer, Individuum und Kosmos in der Philosophie der Renaissance, S. 198

146 *De immenso*, OL I 2, S. 78

147 Walter Theimer: «Die Relativitätstheorie, Lehre, Wirkung, Kritik», Bern-München 1977

148 Hoimar von Ditfurth: «Im Anfang war der Wasserstoff», Stuttgart o. J. S. 23

149 dtv-Atlas zur Astronomie, a. a. O., S. 204/05

150 *Von der Ursache,* Lasson, S. 88
151 Dial. it. S. 397 (Die Übersetzung Kuhlenbecks ist hier sehr ungenau, daher nicht verwertbar.)
152 Singer, a. a. O.,S. 187
153 Theimer, a. a. O.
154 Anm. Kuhlenbecks zu KW 3, S. 214
155 *Vom Unendlichen,* KW 3, S. 163; Dial. it. S. 530/31
156 OL I 1, S. 177
157 *Vom Unendlichen,* KW 3, S. 91/92; Dial. it. S. 439/40
158 *Vom Unendlichen,* KW 3,S. 94/95; Dial. it. S. 443/44
159 *Die Vertreibung der triumphierenden Bestie.* KW 2, S. 22/23; Dial. it. S. 558
160 *Vertreibung,* KW 2, S. 23; Dial. it. S. 559
161 *Kabbala des Pegasus,* KW 6, S. 43; Dial. it. S. 888
162 *Kabbala,* KW 6, S. 40; Dial. it. S. 885
163 KW 6, S. 231
164 *Lampas triginta stacuarum,* OL III, S. 246
165 *Heroische Leidenschaften,* KW 5, S. 62/63; Dial. it. S. 997
166 *Lampas,* OL III, S. 239
167 *De magia,* OL III, S. 409/10. *Theses de magia,* OL III, S. 463
168 OL III, S. 409/10
169 Parallelität zu Simon Kraus: «Vom Regenbogen und vom Gesetz der Schöpfung» (Teil 3 bis Teil 7), Berlin 1976, Hg. vom «Berliner Arbeitskreis Naturphilosophie»
170 Blumenberg, a. a. O., S. 109
171 *Vertreibung,* KW 2, S. 16/17; Dial. it. S. 553
172 Aus der Einführung zu KW 6, S. V
173 Nietzsche, Werke, Kritische Gesamtausgabe, Hg. von G. Colli und M. Montinari. Berlin-New York 1972. S. 203 (VIII, 3)
174 Joseph Bidez: «Kaiser Julian, Der Untergang der heidnischen Welt», Hamburg 1956, S. 195f
175 Karl Löwith: «Nietzsches Philosophie der ewigen Wiederkehr des Gleichen», Stuttgart 1956, S. 124
176 *Vertreibung,* KW 2, S. 242f; Dial. it. S. 803 f
177 Dial. it. S. 803
178 KW 2, S. 244; Dial. it. S. 806
179 KW 2, Anm. S. 365

180 Max Bergfeld: «Giordano Bruno», Berlin 1929, S. 144
181 Dial. it. S. 806
182 KW 2, S. 245; Dial. it. S. 807
183 KW 6, S. 146
184 OL II 2, S. 181
185 *Von der Ursache*, Lasson, S. 97; Dial. it. S. 318
186 Vonseiten der Naturwissenschaftler werden derartige Kennzeichnungen häufig verwendet, wenn die Abgrenzung zur «exakten Wissenschaft» herausgestellt werden soll.
187 *Von der Ursache*, Lasson, S. 115; Dial. it. S. 342

Zeittafel

1548	Bruno wird in Nola bei Neapel geboren. Taufname: Filippo
1562	Beginn des Studiums der Logik und Dialektik am Studio (freie Universität) Neapel
1565	15. Juni: Eintritt in den Dominikanerorden, nimmt den Vornamen Giordano an
1566	Erste Zweifel am christlichen Gottesbegriff
1572	Bruno wird zum Priester geweiht. Beginn des Studiums der Theologie
1575	Beendigung des Studiums
1576	Bruno wird der Ketzerei verdächtigt, er flieht nach Rom. Endgültiger Bruch mit Orden und Kirche. Flucht nach Noli, dort Privatvorlesungen über die Kugel
1577	Noli, Savona, Turin, Venedig, Padua, Brescia, Bergamo
1578	Erleuchtungserlebnis in Form einer blitzartigen Intuition. Mailand, Chambery/Savoyen, Genf
1579	Eventuell formaler Übertritt zum Calvinismus. Im Mai Immatrikulation an der Universität. Vorübergehende Haft und Repressalien wegen einer philosophischen Streitschrift. Weiterreise nach Lyon im September/ Oktober. In Toulouse. Dort Privatvorlesungen über Astronomie. Bruno erhält die Professur für Philosophie an der Universität. Vorlesungen über die Psychologie des Aristoteles u. a.
1581	Bruno verlässt Toulouse und geht nach Paris. Privatvorlesungen
1582	Zusammenkunft mit König Heinrich III. Gespräch über das Gedächtnis Brunos. Veröffentlichung der Schrift *De umbris idearum* mit *Ars memoriae* (Gedächtniskunst) und der Komödie *Il candelaio*

1583 Frühjahr: Bruno geht nach London. Juni: Vergeblicher Versuch, einen Lehrauftrag in Oxford zu erhalten. Bruno wohnt im Haus des französischen Botschafters in London

1584-85 Veröffentlichung der sechs italienischen Dialoge zur Kosmologie, Moralphilosophie und Erkenntnistheorie

1585 Bruno kehrt mit dem französischen Botschafter Michel de Castelnau nach Paris zurück

1586 Beschäftigung mit Fragen der Geometrie und Mathematik. Pfingsten: Heraufbeschwörung eines akademischen Skandals wegen der öffentlichen Verteidigung der antiaristotelischen Thesen am College de Cambrai. Bruno verlässt Paris und geht nach Deutschland. August: Universität Wittenberg. Bruno liest u. a. über die Logik des Aristoteles

1587 *Lampas triginta statuarum* (Die Fackel der 30 Statuen)

1588 Erweiterter Neudruck der Thesen gegen die aristotelische Naturphilosophie *(Acrotismus)*. Bruno geht nach Prag, er widmet dem Kaiser seine Thesen gegen die Euklidische Geometrie. Bruno geht nach Helmstedt. Lehrtätigkeit in Helmstedt. Arbeit an den lateinischen Lehrgedichten. Schriften zur Magie

1590 Bruno geht von Helmstedt nach Frankfurt a. M.

1591 Veröffentlichung der drei lateinischen Lehrgedichte *De minimo, De immenso* und *De monade.* Vorübergehender Aufenthalt in Zürich, dort Privatvorlesungen. Im Sommer wieder in Frankfurt. Bruno erhält einen Brief von Giovanni Mocenigo. August: Bruno trifft in Venedig ein. September: Vergebliche Bewerbung um den Lehrstuhl für Mathematik an der Universität Padua

1592 März: Bruno siedelt in den Palast Mocenigos in Venedig über. – 22. Mai: Mocenigo lässt Bruno gefangensetzen. – 23. Mai: Denunziationsschreiben Mocenigos an die Inquisitionsbehörde. Verhaftung und erste Verhöre. Anklage wegen Ketzerei und abfälliger Äußerungen über Jesus

1593 Bruno wird im Februar nach Rom übergeführt. Dort im Gefängnis des Heiligen Offiziums («Engelsburg»). Beginn des römischen Prozesses

1600 8. Februar: Verkündigung des Ketzerurteils gegen Bruno. – 17. Februar: Bruno wird auf dem Campo dei fiori öffentlich verbrannt.

Zeugnisse

Georg Wilhelm Friedrich Hegel

Aber der Hauptcharakter seiner Schriften ist eigentlich einerseits eine schöne Begeisterung eines Selbstbewusstseins, das den Geist sich inwohnen fühlt und die Einheit seines Wesens und alles Wesens weiß. Es ist etwas Bacchantisches in diesem Ergreifen dieses Bewusstseins; es fließt über, diesen Reichtum auszusprechen und sich so zum Gegenstande zu werden. Aber es ist nur das Wissen, in welchem der Geist sich als Ganzes ausgebären kann. Wenn er diese wissenschaftliche Bildung noch nicht erreicht hat, so greift er nur nach allen Formen herum, ohne sie gehörig zu ordnen. Einen solchen ungeordneten, mannigfaltigen Reichtum zeigt Bruno, und dadurch gewinnen seine Expositionen häufig ein trübes, verworrenes, allegorisches Aussehen – mystische Schwärmerei ... Es ist ein großer Anfang, die Einheit zu denken; und das andere ist dieser Versuch, das Universum in seiner Entwicklung, im System seiner Bestimmungen aufzufassen und zu zeigen, wie das Äußerliche ein Zeichen ist von Ideen. - Dies sind die beiden Seiten, die von Bruno aufzufassen waren.

Aus den «Vorlesungen über die Geschichte der Philosophie»

Arthur Schopenhauer

Sie [Bruno und Spinoza] stehen jeder für sich und allein, und gehören weder ihrem Jahrhundert noch ihrem Welttheil an, welche dem einen mit dem Tode, dem andern mit Verfolgung und Schimpf lohnten. Ihr kümmerliches Dasein und Sterben in diesem Occident gleicht dem einer tropischen Pflanze in Europa. Ihre wahre Geistesheimat waren die Ufer der heiligen Ganga: dort hätten sie ein ruhiges und geehrtes Leben geführt, unter ähnlich Gesinnten.

«Welt als Wille und Vorstellung»,
Anhang: «Kritik der Kantischen Philosophie»

Friedrich Nietzsche

Mein lieber Herr Doktor, diese Gedichte von Giordano Bruno sind ein Geschenk, für welches ich Ihnen von ganzem Herzen dankbar bin. Ich habe mir erlaubt, sie mir zuzueignen, wie als ob ich sie gemacht hätte und für mich – und sie als stärkende Tropfen «eingenommen». Ja. Wenn Sie wüssten, wie selten noch etwas Stärkendes von außen zu mir kommt!

Brief an Heinrich von Stein, 22. Mai 1884

Papst Leo XIII.

Er [Bruno] hat weder irgendwelche wissenschaftlichen Leistungen aufzuweisen noch hat er sich irgendwelche Verdienste um die Förderung des öffentlichen Lebens erworben. Seine Handlungsweise war unaufrichtig, verlogen und vollkommen selbstsüchtig, intolerant gegen jede gegenteilige Meinung, ausgesprochen bösartig und voll von einer die Wahrheit verzerrenden Lobhudelei.

Aus einem an alle Gläubigen gerichteten Schreiben anlässlich der Errichtung des Bruno-Denkmals auf dem Campo dei fiori in Rom (Juni 1889)

Georg Albert

Was seinem Geiste vor allem vorschwebte, war die Unendlichkeit des Universums und seine zahllosen Welten und das Eine, welches in jener ganzen Unendlichkeit sich manifestiert ... Das zweite Datum allgemeinster Natur, welches ihn zunächst ergriff und Schopenhauern nähert, war die Niederträchtigkeit und Bosheit, die Dummheit und Verblendung der menschlichen Natur, kurz das Fratzenhafte und Verzerrte überhaupt, im Ethischen und Intellektuellen. Dieser Abgrund und das erhabene Verhältnis des lichtbringenden und rettenden Heros zu ihm beherrschte sein Gemüt, welches in das blinde Toben des Treibens dieser Welt mit großartiger Entrüstung und bitterer Satire hinabblickte und dennoch, vom unwiderstehlichen Drange einer höheren Sendung erfasst, hineinzustürzen entschlossen war, um Licht und Aufklärung in die grauenvolle Finsternis zu tragen und ein schöneres und reineres Zeitalter zu begründen.

«Kants transzendentale Logik», 1895

Egon Friedell

Auch der sublimste und universellste Kopf des Zeitalters, Giordano Bruno, hat die coincidentia oppositorum zu einem Kardinalbegriff seines Systems gemacht ... Seine genialen Intuitionen sind seinen Zeitgenossen um mehrere Jahrhunderte vorausgeeilt ... Wilhelm Dilthey weist einmal darauf hin, dass Bruno «der Sohn des Landstrichs zwischen Vesuv und Mittelmeer» gewesen sei. Und in der Tat, er war selber ein Vesuv: feurige und formlose Schlacken auswerfend, alle Welt durch die Pracht und Kraft seiner vulkanischen Ausbrüche in Bewunderung und Schrecken versetzend, sich in seiner eigenen Glut verzehrend und eines Tages zu Asche verbrannt. Er war ebensosehr Dichter wie Philosoph, aber diese beiden Gaben ergänzten sich nicht in seiner Seele, sondern lagen in tragischem Kampfe miteinander, weshalb er nur gigantische Zwittergeburten zutage gefördert hat ... Noch erstaunlicher aber sind Brunos Antizipationen auf dem Gebiet der Astronomie. Er ist der Vollender des kopernikanischen Systems und der Vorläufer Galileis: er lehrte, dass die Erde nur eine annähernde Kugelgestalt besitze und an den Polen abgeplattet sei, dass auch die Sonne um ihre eigene Achse rotiere, dass alle Fixsterne Sonnen seien, um die sich zahlreiche wegen ihrer Entfernung für uns unsichtbare Planeten bewegen, er hat die Theorie vom Weltäther aufgestellt, die erst in allerneuester Zeit zur Geltung gelangt ist, er hatte sogar eine Ahnung von der Relativitätstheorie, indem er lehrte, es gebe ebenso viele Zeiten, als es Sterne gibt, ja einzelne seiner Ansichten greifen selbst über den Stand unserer jetzigen Wissenschaft hinaus und gehören der Zukunft an: es sind seine Hypothesen über den Zustand der Weltkörper.

«Kulturgeschichte der Neuzeit», Erstes Buch, 1927

Bertolt Brecht

Giordano Bruno, der Mann aus Nola, den die römischen Inquisitions-behörden im Jahre 1600 auf dem Scheiterhaufen wegen Ketzerei ver-brennen ließen, gilt allgemein als ein großer Mann, nicht nur wegen seiner kühnen und seitdem als wahr erwiesenen Hypothesen über die Bewegungen der Gestirne, sondern auch wegen seiner mutigen Hal-tung gegenüber der Inquisition, der er sagte: «Ihr verkündet das Urteil gegen mich mit vielleicht größerer Furcht, als ich es entgegennehme.» Wenn man seine Schriften liest und dazu noch einen Blick in die Be-richte von seinem öffentlichen Auftreten wirft, so fehlt einem nichts dazu, ihn einen großen Mann zu nennen.

«Der Mantel des Ketzers», 1939

Jose Ortega y Gasset

Erst wenn wir zu dem Riesen Giordano Bruno kommen, dem heroi-schen und gewaltigen Mönch, diesem Herkules des Geistes, dem ewi-gen Kämpfer mit Ungeheuern, finden wir jemand, in dem die Theorie des Kopernikus von einer Einzelentdeckung zur Weltveränderung ge-worden ist.

«Das Wesen geschichtlicher Krisen», 1955

Ernst Bloch

Der Kampf gegen einen deteriorierenden, das heißt einen die Welt me-chanisierenden Materialismus, der die Materie mit toter schlechthin gleichsetzt, dieser Kampf wird von Bruno für einen noch pantheisti-schen Materialismus geführt, damit die Materie wieder in ihr Erstge-burtsrecht eingesetzt werde, um das sie nach dem Ausspruch eines englischen Naturforschers von den Jakoben der Theologie gebracht worden ist. Die arme Materie, die man grau nennt und plump, bleiern, tot und stumpfsinnig, wird gerettet von Giordano Bruno, indem er den vorsokratischen Blick als neuheidnischen in die Welt bringt und der Transzendenz das wegnimmt, was sie der Materie entwendet.

«Vorlesungen zur Philosophie der Renaissance», 1972

Bibliographie

Herangezogen wurde die von Paul Richard Blum erstellte Auswahlbi-
bliographie zur Neuauflage des Dialogs «Von der Ursache, dem Prinzip
und dem Einen». Hamburg (Meiner) 1977.

1. Werkausgaben

Jordani Bruni Nolani Opera latine conscripta. Hg. von F. FIORENTINO
und anderen. Neapel (Morano) und Florenz (Le Monnier) 1879-
1891. 3 Bde. in 8 Teilen (Nachdruck: Stuttgart-Bad Cannstatt,
Frommann/Holzboog. 1961-1962)
Giordano Bruno: Dialoghi italiani. Hg. von GIOVANNI GENTILE, 3. Aufl.
bearb. von GIOVANNI AQUILECCHIA. Firenze (Sansoni) o. J. [1958]
(= Classici della Filosofia VIII)
Giordano Bruno: Gesammelte Werke. Hg. von LUDWIG KUHLENBECK.
Leipzig/Jena (Diederichs) 1904-1909
Giordano Bruno: Heroische Leidenschaften und individuelles Leben.
Auswahl und Interpretationen. Hg. von ERNESTO GRASSI.
Hamburg 1957 (= Rowohlts Klassiker 16)

2. Einzelausgaben

Giordano Bruno: De la causa, principio et uno. Hg. von GIOVANNI
AQUILECCHIA. Torino (Einaudi) 1973 (= Nuova raccolta di classici
italiani annotati 8) (Krit. Ausg.)
Von der Ursache, dem Prinzip und dem Einen. Vervollständigt, mit
Anmerkungen, Biographie, Bibliographie und Register versehen
und hg. von PAUL RICHARD BLUM – 5., erweiterte und teilweise
neubearbeitete Aufl. Hamburg (Meiner) 1977 (= Philosophische
Bibliothek Bd. 21) (Übers. ADOLF LASSON) Von der Ursache, dem
Prinzip und dem Einen, Übers. von PAUL SELIGER, Leipzig o. J.
[1909] (= Reclams UB 5113-5114)

Cause, Principe et Unite. Übers. von EMILE NAMER. Paris (Alcan) 1930 La cena de le ceneri. Hg. von GIOVANNI AQUILECCHIA. Torino (Einaudi) 1955 (= Nuova raccolta di classici italiani annotati 4) [Krit. Ausg.]
Das Aschermittwochsmahl. Übers. von FERDINAND FELLMANN, eingel. Von HANS BLUMEN BERG. Frankfurt a. M. 1969 (= sammlung insel 43)
Die Vertreibung der triumphierenden Bestie, Übers. von PAUL SELIGER, Berlin-Leipzig (Magazin-Verl., Jacques Hegner) o. J. [1904] (= Kulturhistorische Liebhaberbibliothek 16)
De l'infinito ... englisch, s. SINGER, Bruno (1950)
Des Fureurs Heroïques (De gl'Heroici Furori). Hg. und übers. von PAUL-HENRI MICHEL. Paris (Les Beiles Lettres) 1954
Candelaio, Commedia, 2. Aufl. hg. von VINCENZO SPAMPANATO. Bari (Laterza) 1923 (Krit. Ausg.)

3. Bibliographien

SALVESTRINI, VIRGILIO: Bibliografia di Giordano Bruno (1582-1950). 2. Aufl. hg. von LUIGI FIRPO, Firenze (Sansoni) 1958 (= Biblioteca Bibliografica Italica 12)
NOWICKI, ANDRZEJ: Intorno alla presenza di Giordano Bruno nella cultura de] cinquecento e seicento, Aggiunte alla bibliografia di Salvestrini, in: Atti dell' Accademia di Scienze Morali e politiche della Societa Nazionale di Scienze, Lettere ed Arti in Napoli 79 (1968), S. 505-526
Bruno nel settecento, a. a. O. 80 (1969), S. 199-230
La presenza di G. Bruno nel cinque, sei e settecento (aggiunte ulteriori alla Bibliografia Bruniana del Salvestrini), a. a. O. 81 (1970), S. 326-344
Giordano Bruno nella cultura contemporanea (In appendice la continuazione della Bibliografia di Salvestrini), a. a. O. 83 (1972), S. 391-450

4. Biographisches und Historisches

AQUILECCHIA, GIOVANNI: Giordano Bruno, Roma (Enciclopedia Italiana) 1971 (= Biblioteca Biographica 1)

BARTHOLOMESS, CHRISTIAN: Jordano Bruno, Paris (Ladrange) 1846-1847 (Bd. I: Vie, Bd. II: Travaux)

FIRPO, LUIGI: Il processo di Giordano Bruno, in: Rivista storica italiana 60 (1948), S. 542-597; 61(1949), S. 5-59

GROCE, ABEL: Giordano Bruno, der Ketzer von Nola, Versuch einer Deutung. 1. Teil: Werdegang und Untergang. Wien (Europäischer Verlag) 1970

LANDSECK, RUDOLF(= LUDWIG KUHLENBECK): Bruno, der Märtyrer der neuen Weltanschauung, Sein Leben, seine Lehren und sein Tod auf dem Scheiterhaufen, Leipzig (Rauert u. Rocco) 1890

LIMENTANI, LUDIVICO: Giordano Bruno a Oxford, in: Civilta moderna 9 (1937), S. 254-280

MERCATI, ANGELO: Il sommario del processo di Giordano Bruno, Citta del Vaticano (Bibi. Apostolica) 1942 (=Studi e testi 101) (Zusammenfassung von Prozessakten)

SINGER, DOROTHEA WALEY: Giordano Bruno, His Life and Thought, With Annotated Translation of His Work, On the Infinite Universe and Worlds, New York (Schuman) 1950

SPAMPANATO, VINCENZO: Vita di Giordano Bruno con documenti editie inediti. Messina (Principato) 1921 (= Studi filosofici 10)

YATES, FRANCES A.: John Florio, The Life of an Italian in Shakespeare's England, Cambridge (UP) 1934
Giordano Bruno and the Hermetic Tradition. London-Chicago (Paul) 1964 The Art of Memory, London (Paul) 1966

5. Zur geistesgeschichtlichen Einordnung Giordano Brunos

BADALONI, NICOLA: La filosofia di Giordano Bruno, Firenze (Parenti) 1955 (=Saggi di cultura moderna 12)

BLUMENBERG, HANS: Aspekte der Epochenschwelle: Cusaner und Nolaner, Erweiterte und überarbeitete Neuausgabe von «Die Legitimität der Neuzeit», vierter Teil, Frankfurt a. M. 1976 (= suhrkamp taschenbuch wissenschaft 174) Die Genesis der kopernikanischen Welt, Frankfurt a. M. (Suhrkamp) 1975

BRUNNHOFER, HERMANN: G. Bruno's Weltanschauung und Verhängnis. Aus den Quellen dargestellt, Leipzig (Fues) 1882 G. Bruno's Lehre vom Kleinsten als die Quelle der prästabilierten Harmonie von Leibniz, Leipzig (Rauert u. Rocco) 1890

CARRIERE, MORIZ: Die philosophische Weltanschauung der Reformationszeit in ihren Beziehungen zur Gegenwart, 2. vermehrte Aufl. Leipzig (Brockhaus) 1887, 2. Theil S. 46-189, 1. Aufl. Stuttgart-Tübingen (Cotta) 1847, S. 365-494

CASSIRER, ERNST: Individuum und Kosmos in der Philosophie der Renaissance. Leipzig-Berlin 1927 (= Studien der Bibliothek Warburg 10) (Nachdruck: Darmstadt, Wiss. Buchges., 1963)

CLEMENS, FRANZ JAKOB: Giordano Bruno und Nicolaus von Cusa. Eine philosophische Abhandlung, Bonn (Wittmann) 1847

CROMBIE, ALISTAIR: Von Augustinus bis Galilei, Die Emanzipation der Naturwissenschaft, München 1977 (dtv Wissenschaftliche Reihe 4285)

FELLMANN, FERDINAND: Scholastik und kosmologische Reform. München 1971 (= Beiträge z. Gesch. d. Philosophie u. Theologie des Mittelalters, Texte und Untersuchungen, N. F. 6)

GENTILE, GIOVANNI: Giordano Bruno, in: GENTILE, Il pensiero italiano del Rinascimento, Firenze (Sansoni) 4. Aufl. 1968 (= G. G.: Opere 14), S. 259-310 Le fasi della filosofia bruniana, a. a. O., S. 311-330, ‹Veritas filia temporis›, a. a. O., S. 331-355

GUZZO, AUGUSTO: Giordano Bruno, Torino (Ed. «Filosofia») 1960

HEIMSOETH, HEINZ: Giordano Bruno und die deutsche Philosophie, in: Blätter für die deutsche Philosophie 15 (1942), S. 394-443

KOYRÉ, ALEXANDRE: Von der geschlossenen Welt zum unendlichen Universum, Frankfurt a. M. (Suhrkamp) 1969

LASSWITZ, KURD: Geschichte der Atomistik vom Mittelalter bis Newton I, Hamburg-Leipzig (Voss) 1890 (S. 359-401),

MICHEL, PAUL-HENRI: La cosmologie de Giordano Bruno, Paris (Hermann) 1962 (= Histoire de la pensée 9)

NAMER, EMILE: Les Aspectes de Dieu dans Ja philosophie de Giordano Bruno, Paris (Alcan) 1926

176

SARACISTA, MARIA: La filosofia di Giordano Bruno nei suoi motivi plotiniani, Firenze (Vallecchi) 1935

SCHMIDT, HEINZ-ULRICH: Zum Problem des Heros bei Giordano Bruno, Bonn (Bouvier) 1968 (= Abhandlungen zur Philosophie, Psychologie und Pädagogik 51)

STEIN, HEINRICH VON: Giordano Bruno. Gedanken über seine Lehre und sein Leben. Zum dreihundertjährigen Gedenktage der Verbrennung Giordano Brunos, neu hg. von Friedrich Poske, Leipzig-Berlin (Georg Heinrich Meyer) 1900

STERN, FRED B.: Giordano Bruno – Vision einer Weltsicht, Meisenheim am Glan (Anton Hain) 1977

VEDRINE, HELENE: La conception de Ja nature chez Giordano Bruno, Paris (Vrin) 1967 (= De Pétrarque à Descartes 14)

VIEILLARD-BARON, JEAN-LOUIS: De la conaissance de Giordano Bruno à l'epoque de «l'idealisme allemand», in: Revue de Metaphysique et de Morale 76 (1971), S. 406-423

WALKER, DANIEL PICKERING: Spiritual and Demonic Magie from Ficino to Campanella, London 1958 (= Studies of the Warburg Institute 22) (Nachdruck: Nendeln, Kraus, 1976)

WERNEKKE, HUGO: Giordano Bruno's Polemik gegen die Aristotelische Kosmologie, Phil. Diss. Leipzig 1871

WILDE, GEORG: Giordano Bruno's Philosophie in den Hauptbegriffen Materie und Form dargestellt, Breslau (Marcus) 1901

6. Zur naturphilosophischen und wissenschaftlichen Gesamtproblematik

BAVINK, BERNHARD: Ergebnisse und Probleme der Naturwissenschaften. Eine Einführung in die heutige Naturphilosophie, 8. Aufl. Leipzig (Hirzel) 1944

HEIMENDAHL, ECKART: Dialog des Abendlandes. Physik und Philosophie, München (List) 1966

HEISENBERG, WERNER: Das Naturbild der heutigen Physik, Hamburg 1955 (rowohlts deutsche enzyklopädie 8)
Physik und Philosophie. Frankfurt a. M. (Ullstein) 1959

HEISENBERG, WERNER: Der Teil und das Ganze. Gespräche im Umkreis der Atomphysik, München (Piper) 1969

HEMLEBEN, JOHANNES: Galileo Galilei, Reinbek 1969 (rowohlts monographien 156)

Johannes Kepler, Reinbek 1971 (rowohlts monographien 183)

KIRCHHOFF, JOCHEN: Zum Problem der Erkenntnis bei Nietzsche, in: Nietzsche-Studien Bd. 6 (1977), S. 16-44

KRAUS, SIMON: Vom Regenbogen und vom Gesetz der Schöpfung, Bd. 1: Der Baustoff der Welt, Fürth-Erlangen (Ner Tamid) 1970 (ursprünglicher Titel: Altes Testament – das Buch ‹am Anfang›. Gegen Einstein und die Naturwissenschaftler)

WEIZSÄCKER, CARL FRIEDRICH VON: Zum Weltbild der Physik, 3. Aufl. Leipzig (Hirzel) 1945

Die Einheit der Natur. Studien, München (Hanser) 1971

Der Garten des Menschlichen. Beiträge zur geschichtlichen Anthropologie, München (Hanser) 1977

Über den Autor

Jochen Kirchhoff, geb. 1944, lebt und arbeitet in Berlin. Er hat in den 1990er und Anfang der 2000er Jahre etwa 150 Vorlesungen zu naturphilosophischen Themen gehalten, von denen einige hier als Transkript abgedruckt sind. Bisher ist nur ein Teil der Vorlesungen als Podcast und Transkript veröffentlicht. Über 400 öffentliche Vorträge zu naturphilosophischen und gesellschaftlich relevanten Themen hat er zudem seit 1980 gehalten. Zahlreiche durchgeführte Seminare u. a. zu geomantischen Themen und zur ganzheitlichen Rezipierung von  klassischer Musik rundeten seine Lehrtätigkeit ab. Auf seinem Youtube-Kanal sind desweiteren philosophische Gespräche veröffentlicht, die auch auf zeitgeschichtliche Phänomen aus philosophischer Sicht eingehen. Sein schriftstellerisches Werk umfasst bisher seine naturphilosophische Tetralogie, Arbeiten zur Philosophie der Musik, Monografien, Beiträge in Zeitschriften und Schriftum zur Bewahrung, Aufarbeitung und schöpferischen Pflege des philosophischen Werkes von Helmut Friedrich Krause. Jochen Kirchhoff ist ausgewiesener Kenner des Werkes von Giordano Bruno, Friedrich Wilhelm Schelling, Novalis, Friedrich Nietzsche, Arthur Schopenhauer und Helmut Friedrich Krause u. v. a. Er beteiligt sich regelmäßig mit Essays und Interviews am gesellschaftlichen Diskurs zu zeitgeschichtlichen Phänomenen und grundlegenden Fragen zur Bewältigung der Bewusstseinskrise der Menschheit aus philosophischer Sicht.